Mira Fischer
Materialien und Kopiervorlagen
zur Klassenlektüre

Jack London

Wolfsblut

Hase und Igel®

Inhalt

www.hase-und-igel.de
Lektorat: Patrik Eis
Illustrationen: Walter Heubach (aus der Lektüre), Marc Robitzky,
Abbildung auf S. 41 und S. 44: © iStockphoto
Satz: Appel Grafik München GmbH

ISBN 978-3-86316-232-0

„Wolfsblut“ – Das Buch im Unterricht

Das Buch

„Wolfsblut“ zählt zu den erfolgreichsten Werken des amerikanischen Schriftstellers Jack London und ist ein echter Klassiker der Abenteuerliteratur. Der Autor hat den Roman, der 1906 im Original unter dem Titel „White Fang“ erschien, bewusst als Gegenstück zu seinem Vorgänger „The Call of the Wild“ („Der Ruf der Wildnis“) konzipiert. Das macht ein Schreiben an seinen Verleger aus dem Februar 1906 deutlich: „Ich werde den Prozess umkehren. Statt zu zeigen, wie sich ein domestizierter Hund in ein wildes Tier zurückverwandelt, zeige ich den Weg der Evolution, die Zivilisierung eines Hundes.“

Mit Spannung verfolgt der Leser, wie ein Wolfswelpe aus der Wildnis Kanadas erst von Indianern zum Schlittenhund, später vom grausamen Beauty Smith zum Kampfhund abgerichtet wird und endlich sein Glück als treuer Begleiter des Minenexperten Weedon Scott findet. Obwohl der Protagonist ein Tier ist, lädt die Geschichte insbesondere Jugendliche zur Identifikation ein. Denn die Entfaltung und Behauptung der eigenen Persönlichkeit – gegen alle äußeren Widerstände – spielen eine zentrale Rolle in dieser Entwicklungsphase. Darüber hinaus wecken die stimmungsvollen Beschreibungen der Natur und des Lebens der nordamerikanischen Ureinwohner sowie die Anspielungen auf Charles Darwins These „Survival of the Fittest“ das Interesse der Schüler und bieten reichlich Gesprächsstoff für den Unterricht.

Die vorliegende Schulausgabe ist auf der Basis der deutschen Erstübersetzung von Marie Laue entstanden. Bei der Bearbeitung wurde der inhaltliche Fokus konsequent auf die Entwicklung von Wolfsblut gelegt, die sich wie ein roter Faden durch die Geschichte zieht. So setzt die Handlung direkt mit der Geburt von Wolfsblut ein. Der Eingangsteil, der den Charakter einer eigenständigen Kurzgeschichte hat und Figuren einführt, die für den weiteren Verlauf des Romans keine Bedeutung mehr haben, entfällt. Auch einige weitere Passagen, die im Hinblick auf die Kernhandlung verzichtbar sind, wurden gestrichen beziehungsweise gestrafft, um Umfang und Anspruch des Textes an die Erfordernisse einer Schullektüre anzupassen. Auf sprachlicher Ebene wurden altertümliche Ausdrücke behutsam modernisiert sowie sperrige Formulierungen vereinfacht, sodass der Text für Leser ab der 7. Klasse gut verständlich ist.

Das Material

Das Begleitmaterial ist auf die Schulausgabe abgestimmt und erleichtert den Jugendlichen den Zugang zu diesem Klassiker der Abenteuerliteratur. Neben Aufgaben zum Textverständnis sowie zur Analyse der Handlung und der Figuren bietet es altersgerecht aufbereitete Hintergrundinformationen: angefangen beim Autor und seinem Werk über Wissenswertes zum Wolf, Fakten zum geschichtlichen und geografischen Kontext bis hin zu naturwissenschaftlichen Einflüssen wie Charles Darwins Evolutionstheorie. Die Schüler beschäftigen sich außerdem mit der sprachlichen Gestaltung und der Erzählperspektive des Romans. Im Zentrum steht immer die Auseinandersetzung mit dem tierischen Protagonisten, seiner Entwicklung und den für ihn entscheidenden Erlebnissen und Begegnungen.

Das Material ist in fünf Abschnitte gegliedert. Die Einheit „Vor der Lektüre“ führt die Jugendlichen an den Autor und sein Werk heran und stellt ein Lesetagebuch zur Verfügung, mit dessen Hilfe sie sich lektürebegleitend einen Überblick über den Roman verschaffen. Die darauffolgenden vier Kapitel orientieren sich am chronologischen Verlauf der Lektüre und widmen sich jeweils einem der übergeordneten Handlungsabschnitte. Zum Abschluss greifen die Schüler auf die Einträge ihres Lesetagebuchs zurück und stellen Wolfsbluts Entwicklung anhand eines Schaubilds dar.

Jeder Abschnitt beginnt mit einem Lehrerteil, der eine inhaltliche Zusammenfassung der einzelnen Kapitel, didaktische Hinweise und Musterlösungen zu den Kopiervorlagen enthält. Vertiefen Sie die Lektürearbeit durch die Anregungen aus den Bereichen „Gesprächs- und Schreibanlässe“ sowie „Kreativ aktiv“. Signets am oberen Seitenrand verdeutlichen den thematischen Schwerpunkt jeder Kopiervorlage:

Zur Lektüre

Hintergrundinfos

Figuren-
analyse

Sprache
unter der Lupe

Viel Erfolg bei der Arbeit mit Buch und Material wünscht Ihnen und Ihrer Klasse

Mira Fischer

Die große Distanz zu Handlungszeit und -ort des Romans mag für viele Schüler zunächst eine Hürde darstellen, sich auf den Text einzulassen. Die fünf Kopiervorlagen in diesem Abschnitt laden die Jugendlichen dazu ein, sich mit Jack London, seinem Werk und dem Setting des zeitlos packenden Romans „Wolfsblut" vertraut zu machen.

Unterrichtsschwerpunkte

- Jack Londons Leben und sein Werk kennenlernen
- Lektüreerwartungen formulieren
- Informationen über den Roman „Wolfsblut" recherchieren und präsentieren
- sich mit dem Eingangsteil des Romans auseinandersetzen
- die sprachliche Gestaltung des Romans analysieren
- ein Lesetagebuch anlegen

Zu den Kopiervorlagen

Wer war Jack London?

Der amerikanische Schriftsteller, der für seine Abenteuerromane bekannt ist, führte selbst ein höchst abenteuerliches und wechselvolles Leben. Mit diesem Arbeitsblatt lernen die Jugendlichen seine Biografie „aus erster Hand" kennen. Die Schilderung in Ichform wirkt lebendig und macht Lust, sich genauer mit den Lebensumständen dieses faszinierenden Autors auseinanderzusetzen. Allerdings weist die Darstellung absichtlich Ungenauigkeiten und Lücken auf. Die Schüler sind dazu aufgefordert, unbekannte Begriffe (wie „Hobo" und „Claim") zu klären, fehlende Informationen zu recherchieren und die Erzählung in einen Sachtext umzuwandeln.

Die Aufgabe ist bewusst offen formuliert, sodass die Jugendlichen je nach Interesse eigene Schwerpunkte setzen können. Außerdem bereitet das Blatt die Schüler indirekt auf ein wesentliches Thema des Romans vor: den Werdegang eines Individuums und die Rolle, die seine Umgebung dabei spielt.

Lösung

z. B. Jack London wurde am 12. Januar 1876 in Kalifornien als uneheliches Kind von Flora Wellman und William Henry Chaney geboren. Im September 1876 heiratete seine Mutter den Zimmermann John London.

Die Londons lebten in ärmlichen Verhältnissen und zogen mehrfach um, da John London erfolglos versuchte, sich auf immer neuen Grundstücken eine Existenz als Farmer aufzubauen. Bereits im Alter von elf Jahren musste Jack London als Zeitungsjunge und später als Arbeiter in einer Konservenfabrik zum Lebensunterhalt der Familie beitragen. Als Jugendlicher lieh sich London Geld von seiner Amme, kaufte sich ein Boot und betätigte sich eine Zeit lang als jüngster Austern-Pirat in der Bucht von San Francisco.

1893 heuerte Jack London als Matrose auf dem Robbenfangschiff „Sophia Sutherland" an. Die Reise führte über Japan nach Sibirien. Im November 1893 wurde Londons erste Kurzgeschichte „Taifun off the Coast of Japan" veröffentlicht und gewann den ersten Preis eines Wettbewerbs der Zeitung „San Francisco Call".

1894 schloss sich Jack London einem Protestzug von Arbeitslosen an und wurde verhaftet. Nach der dreißigtägigen Gefängnisstrafe reiste er als Wanderarbeiter durchs Land. 1896/97 war London an der Berkeley Universität eingeschrieben, brach das Studium aber nach nur einem Semester ab. Er beschloss, Schriftsteller zu werden, und begann, sich autodidaktisch weiterzubilden, indem er u. a. Werke von Karl Marx, Charles Darwin und Friedrich Nietzsche las.

Im Juli 1897 segelte London als einer der ersten Goldsucher zusammen mit seinem Schwager an den Klondike River in Kanada. Im Yukonterritorium erwarb er ein Stück Land, auf dem er nach Gold graben durfte, und meldete dieses in Dawson an. Im Winter erkrankte London an Skorbut und musste seine Unternehmung abbrechen.

Mittellos kehrte er nach Kalifornien zurück und versuchte sich wieder als Schriftsteller. 1900 schaffte er seinen Durchbruch mit der Erzählung „Eine Odyssee des Nordens". In den Folgejahren baute London nicht nur seinen Erfolg als Autor aus, sondern unternahm auch weitere Reisen, unter anderem als Kriegsberichterstatter nach Korea. Von den Einnahmen seines Schreibens ließ sich London eine Jacht bauen und trat 1907 zusammen mit seiner zweiten Frau Charmian eine als Weltreise geplante Schifffahrt an. Die Reise führte unter anderem zu den Hawaii-Inseln, den Marquesas-Inseln, den Manua-Inseln und den Salomon-Inseln. Wegen einer ungeklärten Krankheit musste London nach einem Krankenhausaufenthalt in Australien vorzeitig nach Kalifornien zurückkehren.

Im Sommer 1911 zogen London und seine Frau auf eine Farm in Sonoma County. Dort betrieb er Schweinezucht und legte Obstgärten, Weinberge und Getreidefelder an. Als einer der ersten Farmer baute er ökologisch an.

Das Jahr 1913 brachte wirtschaftliche und gesundheitliche Krisen: Die Ernte wurde durch Frost vernichtet, Londons Blinddarm musste entfernt werden und seine Nieren litten unter seinem Alkoholkonsum. Ob dieser auch zu seinem Tod am 22. November 1916 beitrug oder ob es sich um einen Selbstmord handelte, ist bis heute ungeklärt.

KV Seite 9

Der Roman „Wolfsblut“

Zunächst erhalten die Jugendlichen die Gelegenheit, sich anhand des Titels und des Covermotivs einen ersten Eindruck von der Lektüre zu verschaffen und ihre Assoziationen zu äußern. Danach lesen sie den Text auf der Rückseite des Buches und tauschen sich darüber aus, ob ihre Erwartungen mit der Inhaltsbeschreibung übereinstimmen.

In Gruppenarbeit erschließen sich die Schüler nun verschiedene Themenbereiche rund um Jack London und sein Werk. Die Fragestellungen sind unterschiedlich komplex, sodass sich hier gut differenzieren lässt. Leistungsschwächere Schüler widmen sich den grundlegenden Fakten zum Roman „Wolfsblut“ (Gruppe a) oder den Fragen zu Jack Londons Gesamtwerk (Gruppe d). Die Aufgaben zu Entstehung (Gruppe b) und Rezeption (Gruppe c) des Werks erfordern eine intensivere Recherche. Fundierte und verständlich aufbereitete Informationen bietet die folgende Website: *https://www.getabstract.com/de/zusammenfassung/wolfsblut/11112*.

Durch die Auseinandersetzung mit den ersten beiden Arbeitsblättern haben die Jugendlichen so viel Wissen erworben, dass sie die Anregung „Ein Interview mit Jack London“ aus der Rubrik „Kreativ aktiv“ (S. 7) umsetzen können.

Was davor geschah …

Bei der Lektüre handelt es sich um eine gekürzte und bearbeitete Fassung des Romans. Dieses Arbeitsblatt vermittelt den Schülern anhand eines Lückentextes Informationen über den weggelassenen Eingangsteil. Die Episode um die beiden Abenteurer Bill und Henry, die sich in der Wildnis Kanadas gegen ein hungriges Wolfsrudel zu behaupten versuchen, spielt für den weiteren Handlungsverlauf keine wesentliche Rolle, soll den Jugendlichen aber nicht ganz vorenthalten werden.

In einem anschließenden Unterrichtsgespräch können Sie die Frage diskutieren, warum Jack London der eigentlichen Story wohl die einleitende Kurzgeschichte über Bill und Henry vorangestellt hat (siehe Anregung „Zwei Männer in der Wildnis“ in der Rubrik „Gesprächsanlass“, S. 7).

Mithilfe der zweiten Aufgabe machen sich die Schüler den Perspektivwechsel innerhalb des Romans bewusst: Während der erste Teil aus der Sicht der Menschen (Bill und Henry) erzählt wird, nimmt der Erzähler später die tierische Perspektive ein: zunächst die der Wölfin, dann die ihres Welpen Wolfsblut.

Lösung

Aufgabe 1:

Der Roman beginnt im nordwestkanadischen Yukonterritorium. Zwei Abenteurer, Bill und Henry, durchqueren die eisige Wildnis mit ihren sechs Hunden. Die Tiere ziehen einen Schlitten, auf dem sich ein Sarg mit einem Verstorbenen befindet.

Ein Rudel hungriger Wölfe verfolgt den Schlitten. Jede Nacht wagen sich die Tiere näher ans Lagerfeuer heran. Als Henry die Hunde füttert, schnappt plötzlich ein siebtes Maul zu. Es verschwindet jedoch gleich wieder in der Dunkelheit. Am nächsten Morgen sind nur noch fünf Hunde im Lager. Die Männer beobachten eine rötliche Wölfin, die sich ihnen immer wieder ohne große Scheu nähert. Einen nach dem anderen lockt sie die Hunderüden vom Lager weg und sorgt dafür, dass sie die Beute des Rudels werden.

Ein paar Tage später eilt Bill seinem Lieblingshund zu Hilfe, der von den Wölfen umzingelt wurde. Bills Munition reicht nicht aus, um sich gegen das Rudel zu verteidigen. So fällt auch er den hungrigen Tieren zum Opfer. Nur Henry überlebt die Reise.

Die Wölfin will sich paaren und spielt drei Wolfsrüden gegeneinander aus. Der älteste und erfahrenste Wolf, Einauge, tötet seine beiden Rivalen und wird anschließend zum Gefährten der Wölfin. Gemeinsam streifen sie durch die Wälder, bis sich die Wölfin in eine Höhle zurückzieht. Dort bringt sie einen Wurf Welpen zur Welt. Einer davon ist der Protagonist des Romans.

Aufgabe 2:

Mit dem Absatz „Die Wölfin will sich paaren …“ ändert sich die Erzählperspektive: Der erste Abschnitt fokussiert das Erleben der beiden Abenteurer Bill und Henry, deren Hunde von einer Wölfin in den Tod gelockt werden. Der zweite Abschnitt rückt die Wölfin in den Mittelpunkt und berichtet über ihr Leben in den Wäldern.

Die Wildnis

Im Eingangsteil des Romans „Wolfsblut“ wird die Konfrontation zwischen Mensch und Natur, zwischen Zivilisation und Wildnis besonders anschaulich geschildert. Diese Kopiervorlage bietet einen Textauszug aus Marie Laues Erstübersetzung, anhand dessen sich die Schüler mit der Stimmung und der sprachlichen Gestaltung des Romans vertraut machen können.

Nach dem Lesen und dem Klären unbekannter Begriffe beantworten die Jugendlichen vier Fragen und stellen dabei einen Bezug zwischen der sprachlichen Form und der Wirkung des Textes her. Im Anschluss an die analytische Arbeit können die Schüler den Romaneinstieg nutzen, um sich künstlerisch auszudrücken (siehe Anregung „Die Wildnis in Bild und Wort“ in der Rubrik „Kreativ aktiv“, S. 7).

Lösung

Aufgabe 2:

a) In dem Text wird eine düstere und bedrohliche Stimmung erzeugt.

b) Diese Stimmung wird mithilfe verschiedener Stilmittel erreicht, unter anderem durch die Verwendung vieler markanter Adjektive („finster", „traurig", „unerbittlich"), Vergleiche („freudlos wie das Lächeln der Sphinx, kalt wie der Frost und grimmig wie die Notwendigkeit") und Personifikationen (der Tannenwald „dräut" [droht], die Bäume „drängen sich aneinander", die Weisheit des Ewigen „lacht über die Nutzlosigkeit des Lebens", die Wildnis ist „kaltherzig", sie „verfolgt den Menschen und zwingt ihn zur Unterwerfung").

c) Mit „sie" ist die Wildnis gemeint.

d) Das Verhältnis zwischen Mensch und Natur wird hier als feindselig dargestellt. Die Natur wirkt übermächtig und erbarmungslos, der Mensch scheint ihr weitgehend hilflos ausgeliefert zu sein.

KV Seite 12

Lesetagebuch

Diese Kopiervorlage begleitet die Schüler durch die Lektüre und muss für jeden der vier übergeordneten Handlungsabschnitte neu ausgeteilt werden. Nach jedem gelesenen Kapitel halten die Jugendlichen wichtige Informationen stichwortartig in der Tabelle fest. So verschaffen sie sich einen fundierten Überblick über den gesamten Roman. Dieser dient als Grundlage für einen zusammenfassenden Rückblick und die Darstellung von Wolfsbluts Entwicklung anhand eines Schaubilds (siehe Kopiervorlage „Ein Überlebenskünstler", S. 48).

Auf die Spalte „Inhalt" wurde in der Lösungsübersicht verzichtet. Die entsprechenden Informationen können den Zusammenfassungen zu Beginn der jeweiligen Abschnitte des Lehrerteils (siehe S. 13, 20 etc.) entnommen werden.

Lösung

	Ort(e)	Figuren	W.s Entwicklung und Befinden
1	Wildnis (Yukon)	Wölfin, Einauge, Welpe	kann klar sehen, spielt mit seinen Geschwistern
2	Wildnis (Yukon)	Welpe, Wölfin	wagt sich aus der Höhle, kämpft und tötet zum ersten Mal, lernt schwimmen
3	Wildnis (Yukon)	Welpe, Wölfin	begleitet Mutter auf Beutezügen, lernt das Gesetz „Friss oder werde gefressen", ist glücklich mit seinem Leben als Raubtier
4	Indianerlager (Yukon)	Wolfsblut, Kiche, Grauer Biber, Lip-lip	begegnet zum ersten Mal Menschen und anderen Hunden, lernt Feuer kennen, fühlt Heimweh nach der Stille und Einsamkeit der Wildnis
5	Indianerlager (Yukon)	Wolfsblut, Kiche, Grauer Biber, Lip-lip	wendet Tricks an, um sich Nahrung zu verschaffen und Lip-lip zu entgehen, lernt Grauer Biber zu gehorchen, trauert um Verlust der Mutter und sehnt sich nach freiem Leben
6	Indianerlager (Yukon)	Wolfsblut, Lip-lip	wird immer wilder und bösartiger, lernt sich im Kampf gegen die anderen Hunde zu behaupten, tötet zum ersten Mal einen Hund, verinnerlicht das Gesetz „Gehorche dem Starken und unterdrücke den Schwachen"
7	Wildnis und Indianerlager (Yukon)	Wolfsblut, Grauer Biber	flieht in die Wildnis und kehrt freiwillig zu den Indianern zurück, erkennt seine Abhängigkeit von den Menschen und fühlt sich bei ihnen sicher
8	Indianerlager (Yukon)	Wolfsblut, Lip-lip, Mit-sah, Grauer Biber	arbeitet als Schlittenhund, lernt Disziplin, bewacht Grauer Bibers Eigentum, Treue zu Menschen steht höher als Liebe zu Freiheit und Artgenossen
9	Wildnis und Indianerlager (Yukon)	Wolfsblut, Kiche, Grauer Biber, Lip-lip	begegnet seiner Mutter zum letzten Mal, aber sie erkennt ihn nicht wieder, wird immer stärker, einsamer und wilder, überlebt während einer langen Hungersnot in der Wildnis, tötet seinen Rivalen Lip-lip, kehrt zu den Menschen zurück
10	Indianerlager (Yukon) und Fort Yukon	Wolfsblut, Grauer Biber	wird Leithund des Schlittengespanns, entwickelt immer größeren Hass auf die anderen Hunde, begegnet den ersten Europäern, macht es sich zur Gewohnheit, deren Hunde im Kampf zu töten, wird zum „Feind seiner Art"

11	Fort Yukon	Wolfsblut, Grauer Biber, Beauty Smith	beweist Grauer Biber seine Treue, indem er zweimal Beauty Smith entkommt und zu seinem früheren Herrn zurückkehrt, muss sich schließlich Beauty Smiths Willen beugen
12	Fort Yukon und Dawson	Wolfsblut, Beauty Smith	entwickelt, angestachelt durch Beauty Smith, immer größeren Hass, den er als professioneller Kampfhund an seinen Gegnern auslässt
13	Dawson	Wolfsblut, Cherokee, Beauty Smith, Weedon Scott, Matt	tritt gegen die Bulldogge Cherokee an, wird beinahe zu Tode gewürgt, bis Scott und Matt ihn befreien
14	Dawson	Wolfsblut, Scott, Matt	bei den ersten Zähmungsversuchen tötet Wolfsblut einen der Schlittenhunde, verletzt Matt am Bein und beißt Scott in die Hand, bleibt den Männern und v. a. ihren Waffen gegenüber misstrauisch
15	Dawson	Wolfsblut, Scott, Matt, Beauty Smith	entwickelt Vertrauen und später Liebe zu Scott, sucht stets die Nähe seines neuen Herrn, arbeitet als Schlitten- und Wachhund für ihn
16	Dawson	Wolfsblut, Scott, Matt	zeigt seine Trauer über die Abreise von Scott, folgt seinem Herrn auf den Dampfer und bringt ihn dazu, ihn nach Kalifornien mitzunehmen
17	San Francisco und Santa Clara	Wolfsblut, Scott, Collie	ist zum ersten Mal in einer Großstadt, lernt die Umarmungen von Scotts Familienangehörigen zu tolerieren, setzt sich gegen die Schäferhündin Collie durch
18	Santa Clara	Wolfsblut, Scott, Collie, Scotts Familie	passt sich an neues Umfeld an und lernt neue Gesetze: Freundlichkeit gegenüber Scotts Familie, Verbot, zahme Tiere zu töten, Toleranz gegenüber Annäherungsversuchen von Fremden
19	Santa Clara	Wolfsblut, Scott, Collie, Scotts Familie	lernt zu lachen und mit seinem Herrn zu toben, begleitet ihn auf Ausritten, bellt zum ersten und einzigen Mal, um Familie über Scotts Unfall zu informieren, gibt seinem Paarungstrieb nach
20	Santa Clara	Wolfsblut, Scott, Richter Scott, Jim Hall, Collie	tötet Einbrecher und rettet Richter Scott so das Leben, beweist Überlebenswille und Zähigkeit, indem er sich von seinen Verletzungen erholt, zeigt Toleranz und Gelassenheit im Umgang mit seinen Jungen

Gesprächsanlass

Zwei Männer in der Wildnis

Warum stellt Jack London seiner Geschichte von Wolfsblut die Erzählung von Bill und Henry voran, die mit der Haupthandlung kaum in Verbindung steht? Welche Funktion hat dieser Teil des Romans? Im Internet findet sich folgende Beurteilung des Eingangsteils: „Es ist ein rätselhafter und zu langatmiger Aufhänger in die Welt unseres tierischen Protagonisten, der zu diesem Zeitpunkt noch nicht einmal geboren ist." *(https://literaturzeitschrift.de/book-review/wolfsblut/)* Stimmt ihr dieser Auffassung zu? Diskutiert darüber.

Kreativ aktiv

Ein Interview mit Jack London

Ihr habt bereits viel über die Biografie und das Werk des amerikanischen Autors erfahren. Stellt euch vor, er wäre noch am Leben und ihr würdet ihn für ein Interview auf seiner Ranch besuchen. Überlegt euch zu zweit mögliche Fragen und Antworten und macht euch Notizen. Spielt das Interview nach und nehmt es eventuell mit einem Smartphone auf.

Die Wildnis in Bild und Wort

Lass dich von dem Romaneinstieg (siehe Arbeitsblatt „Die Wildnis") inspirieren und setze ihn künstlerisch um: Zeichne ein Bild von der beschriebenen Szene oder verfasse ein Gedicht dazu. Die Wildnis hat im Text ein Eigenleben, sie wird personifiziert. Wie würde wohl ein Maler die Wildnis allegorisch darstellen?

Wer war Jack London?

Vom Zeitungsjungen zum erfolgreichsten Autor seiner Zeit – Jack Londons Biografie liest sich wie ein Abenteuerroman …

Lerne die Lebensgeschichte des Schriftstellers aus erster Hand kennen. Findest du unbekannte Begriffe, Ungenauigkeiten, Auslassungen? Recherchiere im Internet, ergänze fehlende Informationen und formuliere die Erzählung in einen Sachtext um.

Du willst wissen, wie mein Leben so war? Na ja, abenteuerlich! Das Licht der Welt erblickte ich am 12. Januar 1876. Mein leiblicher Vater hatte meine Mutter aus dem Haus gejagt, nachdem er von ihrer Schwangerschaft erfahren hatte. Im Jahr meiner Geburt heiratete meine Mutter dann den Zimmermann John London.

Wir waren ziemlich arm und zogen x-mal um. Mein Stiefvater versuchte immer wieder, an neuen Orten sein Glück als Farmer zu machen. Doch alle Versuche gingen schief. So musste ich schon als Kind selbst mit anpacken: zuerst als Zeitungsjunge und später in der Konservenfabrik. Dort schuftete ich täglich zwölf bis achtzehn Stunden für einen Stundenlohn von zehn Cent! Schließlich reichte es mir: Ich lieh mir Geld, kaufte mir ein Boot und wurde der jüngste Austern-Pirat in der Bucht von San Francisco …

Ich liebte das Wasser und das Abenteuer, also heuerte ich 1893 als Matrose auf einem Robbenfangschiff an. Die Reise führte uns weit in den Osten – bis ans Ende der Welt. Nach meiner Rückkehr schrieb ich meine erste Kurzgeschichte – über einen Sturm vor der japanischen Küste. Dafür gab's sogar 'nen Preis!

Danach hab ich mich eine Zeit lang als Hobo durchgeschlagen, bevor ich auf die Idee kam, an der Berkeley Universität zu studieren. Hab's aber schnell wieder aufgegeben und mir dann alles selbst angelesen: den Sozialisten mit dem Rauschebart, den Typen mit der Evolutionstheorie und diesen Denker, der Gott für tot erklärte – du weißt schon, wen ich meine.

Irgendwann hab ich von den Goldfunden am Klondike River gehört. Na, das klang besser, als mich für die Kapitalisten abzurackern. Zusammen mit meinem Schwager segelte ich im Juli 1897 gen Norden. Wir legten mehr als 600 Kilometer auf dem Yukon River zurück und landeten schlussendlich in Dawson, wo ich meinen Claim anmeldete. Leider wurde ich im Winter in Alaska so krank, dass ich die Goldsuche abbrechen musste …

Jack London, 1903

Zurück in Kalifornien versuchte ich mich wieder als Schriftsteller. 1900 schaffte ich endlich meinen Durchbruch mit einer Erzählung – wie lautet gleich der Titel?

Ich wurde aber kein Schreibtischmensch, sondern hab noch einiges erlebt! Da waren zum Beispiel die Reise als Kriegsberichterstatter nach Korea und die Südseereise auf meiner eigenen Jacht ein paar Jahre später … Weil ich mal wieder krank wurde, musste ich vorzeitig nach Kalifornien zurückkehren.

Im Sommer 1911 zogen meine Frau und ich auf die „Beauty Ranch". Das Schreiben war mein Brotberuf, aber die Ranch war mein Lebenswerk! Dort hab ich Schweine gezüchtet und 'ne Menge Obstgärten, Weinberge und Getreidefelder angelegt. Hab ziemlich fortschrittliche Sachen ausprobiert … Doch dann kam das Jahr 1913 – ein Unglücksjahr! Der Frost zerstörte die gesamte Ernte, mein Blinddarm wurde entfernt und meine Nieren gingen den Bach runter, weil ich zu viel Alkohol trank. In den folgenden Jahren ging es mir gesundheitlich immer schlechter. Am 22. November 1916 trat ich dann meine letzte Reise an – wobei die Nachwelt noch heute rätselt, ob ich an Nierenversagen oder durch Selbstmord starb. Und weil Legenden bekanntlich länger leben, dürft ihr ruhig noch ein Weilchen weiterrätseln …

Der Roman „Wolfsblut“

1. Lies den Titel deiner Lektüre und betrachte das Cover. Was passt zu dem Buch? Wovon könnte es handeln? Markiere für dich stimmige Begriffe. Notiere weitere Ideen darunter.

2. Lies den Klappentext. Stimmt er mit deinen Erwartungen überein? Sprecht darüber.

3. Beantwortet die Fragen zu dem Roman „Wolfsblut“ und zu Jack Londons Gesamtwerk. Recherchiert im Internet und bezieht eure Erkenntnisse vom Arbeitsblatt „Wer war Jack London?“ ein. Stellt die Ergebnisse euren Mitschülern vor.

Gruppe a)
Wie lautet der Titel des englischen Originals?
In welchem Jahr erschien der Roman?
Wo spielt die Handlung?
Wann findet die Handlung statt?
Wer ist die Hauptfigur des Romans?
Wovon handelt der Roman? (in zwei bis drei Sätzen)

Gruppe b)
Wie kam Jack London auf die Idee zu dem Roman?
Wann begann er ihn aufzuschreiben?
Welche Orte und Erfahrungen haben Jack London beim Schreiben inspiriert?
Welche Denker und Gedanken beeinflussten ihn?

Gruppe c)
Wie wurde der Roman rezipiert (d. h. aufgenommen)?
In wie viele Sprachen wurde er übersetzt?
Welche Verfilmungen gibt es?
Was sagen andere Schriftsteller und Kritiker über den Roman?

Gruppe d)
Welche weiteren Romane hat Jack London geschrieben?
Wovon handeln sie?
Welche anderen Textsorten umfasst Jack Londons Werk?
Wofür ist der Schriftsteller heute vor allem bekannt?

Was davor geschah ...

Deine Lektüre ist eine gekürzte Fassung von „Wolfsblut“. Sie beginnt mit der Geburt des Welpen.

1. Was passiert im Originalroman davor? Lies den Text und ergänze die Lücken.

Sarg | Wolfsrüden | Henry | Dunkelheit | Protagonist | Wölfin | Rudel

Gefährten | Munition | Hunderüden | Yukonterritorium | Lagerfeuer

Der Roman beginnt im nordwestkanadischen ________________. Zwei Abenteurer, Bill und Henry, durchqueren die eisige Wildnis mit ihren sechs Hunden. Die Tiere ziehen einen Schlitten, auf dem sich ein ________________ mit einem Verstorbenen befindet. Ein ________________ hungriger Wölfe verfolgt den Schlitten. Jede Nacht wagen sich die Tiere näher ans ________________ heran. Als Henry die Hunde füttert, schnappt plötzlich ein siebtes Maul zu. Es verschwindet jedoch gleich wieder in der ________________.

Am nächsten Morgen sind nur noch fünf Hunde im Lager. Die Männer beobachten eine rötliche ________________, die sich ihnen immer wieder ohne große Scheu nähert. Einen nach dem anderen lockt sie die ________________ vom Lager weg und sorgt dafür, dass sie die Beute des Rudels werden.

Ein paar Tage später eilt Bill seinem Lieblingshund zu Hilfe, der von den Wölfen umzingelt wurde. Bills ________________ reicht nicht aus, um sich gegen das Rudel zu verteidigen. So fällt auch er den hungrigen Tieren zum Opfer. Nur ________________ überlebt die Reise.

Die Wölfin will sich paaren und spielt drei ________________ gegeneinander aus. Der älteste und erfahrenste Wolf, Einauge, tötet seine beiden Rivalen und wird anschließend zum ________________ der Wölfin. Gemeinsam streifen sie durch die Wälder, bis sich die Wölfin in eine Höhle zurückzieht. Dort bringt sie einen Wurf Welpen zur Welt. Einer davon ist der ________________ des Romans.

2. Lies den Text noch einmal. An welcher Stelle ändert sich die Erzählperspektive? Ziehe eine Linie über diesem Abschnitt.

Die Wildnis

Am Anfang von „Wolfsblut“ beschreibt Jack London eine Schlittenfahrt durchs Yukonterritorium.

1. Lies den Einstieg in den Roman (übersetzt von Marie Laue). Klärt unbekannte Begriffe.

Dunkler Tannenwald dräute finster zu beiden Seiten des gefrorenen Wasserlaufs. Der Wind hatte kürzlich die weiße Schneedecke von den Bäumen gestreift, sodass sie aussahen, als drängten sie sich unheimlich düster in dem schwindenden Tageslicht aneinander. Tiefes Schweigen lag über dem Lande, das eine Wildnis war, ohne Leben, ohne Bewegung, so einsam, so kalt, dass die Stimmung darin nicht einmal traurig zu sein schien. Vielmehr lag es wie ein Lachen darüber, ein Lachen, schrecklicher als jede Traurigkeit, freudlos wie das Lächeln der Sphinx, kalt wie der Frost und grimmig wie die Notwendigkeit. Die unerbittliche, unerforschliche Weisheit des Ewigen lachte da über die Nutzlosigkeit des Lebens und seiner Anstrengungen. Es war die echte Wildnis, die ungezähmte, kaltherzige Wildnis des Nordens.

Und doch war Leben in dem Lande, trotziges Leben noch dazu! Denn den gefrorenen Wasserlauf hinunter zog mühsam eine Reihe wolfsähnlicher Hunde. Ihr dichter Pelz war dick mit Reif bedeckt; ihr Atem fror in der Luft so wie er in dichten Dampfwolken aus ihrem Maule emporstieg und hängte sich als Eiskristalle an die Haare ihres Pelzes. Sie gingen in ledernen Riemen an einen Schlitten gespannt, der hinten nachschleifte. Dieser Schlitten hatte keine Kufen. Er war aus dicker Birkenrinde gefertigt und ruhte mit dem ganzen Boden auf dem Schnee. Das vordere Ende war aufwärts gebogen, um den weichen Schnee, der wie Wellenschaum emporstäubte, aus der Bahn zu schieben. Auf dem Schlitten stand ein langer, schmaler, viereckiger Kasten und noch andere Dinge, wie wollene Decken, ein Beil, ein Kaffeetopf und eine Bratpfanne waren darauf festgeschnallt, doch den größten Raum nahm der lange, schmale, viereckige Kasten ein.

Vor den Hunden wanderte ein Mann auf breiten Schneeschuhen und hinter dem Schlitten ein zweiter. Auf dem Schlitten lag in dem Kasten ein dritter, dessen Mühe und Arbeit vorüber war, ein Mann, den die Kälte der Wildnis niedergeworfen und besiegt hatte, sodass er sich nicht mehr rühren, noch regen konnte; denn Bewegung liebt sie nicht. Das Leben ist für sie eine Beleidigung, denn das Leben ist Bewegung, sie aber strebt danach, alle Bewegungen aufhören zu machen. So lässt sie das Wasser gefrieren, um zu verhindern, dass es ins Meer fließe, so treibt sie den Saft aus den Bäumen, bis sie ins innerste Herz hinein erstarren; und am grausamsten und schrecklichsten verfolgt sie den Menschen und zwingt ihn zur Unterwerfung, ihn, das ruheloseste aller Wesen, das in steter Empörung gegen den Spruch ist, dass am Ende alle Bewegung aufhören soll.

2. Beantworte folgende Fragen zum Romanauszug.

a) Welche Stimmung wird in dem Text erzeugt?

b) Wodurch wird diese Stimmung erzeugt? Nenne mindestens drei Stilmittel, die der Autor verwendet. Markiere Beispiele im Text.

c) Lies den letzten Absatz noch einmal. Wer ist hier mit „sie“ gemeint?

d) Wie wird in dem Text das Verhältnis zwischen Mensch und Natur dargestellt?

Lesetagebuch

Trage die Informationen nach jedem gelesenen Kapitel stichwortartig in die Tabelle ein.

Kapitel	Ort(e)	Wichtige Figuren	Inhalt	Wolfsbluts Entwicklung und Befinden
☐				
☐				
☐				
☐				
☐				
☐				

1. bis 3. Kapitel: In der Wildnis geboren

Inhalt

(1) Im 1. Kapitel lernt der Leser den grauen Welpen kennen, den Sohn einer Mischlingswölfin und des Wolfes Einauge. Zu diesem Zeitpunkt ist er einen Monat alt, erkundet die Wurfhöhle und balgt sich mit seinen Geschwistern. Der Höhlenausgang weckt sein besonderes Interesse. Immer wieder versucht der Welpe, sich der „Wand aus Licht", durch die er seinen Vater kommen und gehen sieht, zu nähern, doch seine Mutter hält ihn davon ab. Als eine Hungersnot einsetzt, sterben nacheinander alle Geschwister des Welpen. Einauge wird bei der Jagd von einer Luchsin überrascht und gefressen.

(2) Eines Tages, als seine Mutter fort ist, wagt sich der graue Welpe aus der Höhle und beginnt, die Außenwelt zu erkunden. Er begegnet einem Eichhörnchen und einem Häher und stößt auf das Nest eines Schneehuhns. Nachdem er die sieben Küken verschlungen hat, wird er von der Schneehuhnmutter angegriffen und schließlich in die Flucht geschlagen. Der Welpe entgeht knapp einem Habicht und beobachtet, wie dieser die Schneehenne ergreift. Beim Versuch, auf Wasser zu laufen, versinkt der Welpe im Fluss. Er kommt jedoch schnell wieder an die Oberfläche und schwimmt. Nachdem er das Ufer erreicht hat, trifft der Welpe auf ein Wieseljunges und berührt es mit der Pfote. Sofort stürzt die Wieselmutter herbei und springt dem Welpen an die Kehle. Verzweifelt versucht der Welpe, sich aus ihrem Griff zu befreien. Da taucht seine Mutter auf und rettet ihn vor dem Tod. Gemeinsam fressen sie die Wieselmutter auf und kehren dann zur Höhle zurück.

(3) Der Welpe wächst heran und begibt sich immer wieder allein auf Streifzüge, hat aber anfangs kein Jagdglück. Am Ende einer weiteren Hungersnot bringt die Wölfin einen jungen Luchs nach Hause, den der Welpe glücklich verspeist. Kurz darauf taucht die Luchsmutter vor der Höhle auf und greift die Wölfin an. Als der Welpe versucht, seiner Mutter beizustehen, wird er an der Schulter verletzt. Der Wölfin gelingt es, die Luchsin zu töten, aber sie ist von dem Kampf sehr geschwächt. Von nun an begleitet der Welpe seine Mutter auf ihren Beutezügen und beginnt, selbst zu jagen. Er lernt die Gesetze der Wildnis kennen und ist zufrieden mit seinem Leben als Raubtier.

Unterrichtsschwerpunkte

- das Sachwissen über Wölfe erweitern
- Informationen im Internet recherchieren, strukturieren und präsentieren
- den literarischen Umgang mit wissenschaftlichen Fakten untersuchen
- die Erzählperspektive des Romans analysieren
- die Textkenntnis sichern

Zu den Kopiervorlagen

KV Seite 16

Was weißt du über Wölfe?
Mit diesem Arbeitsblatt prüfen die Schüler ihr Vorwissen über Wölfe und erweitern ihre Kenntnisse. Zunächst entscheiden sie über den Wahrheitsgehalt verschiedener Aussagen, anschließend recherchieren sie zusätzliche Informationen im Internet. Ihr neu erworbenes Wissen strukturieren sie mithilfe einer Tabelle, die sich im Heft fortführen lässt. Auf dieser Grundlage können die Jugendlichen ein Plakat über Wölfe erstellen und es der Klasse präsentieren (siehe Anregung „Ein Plakat über Wölfe" in der Rubrik „Kreativ aktiv", S. 15).

Lösung
Aufgabe 1:
Wölfe leben in Familiengemeinschaften, sogenannten Rudeln.
Der Wolf ist ein Raubtier und gehört zur Familie der Hunde.
Wölfe kommen in Europa, Asien, auf der Arabischen Halbinsel und in Nordamerika vor.
Zu einem Rudel gehören mindestens ein Weibchen, ein Männchen und ein Jungtier.
Ein Wolf braucht pro Tag bis zu fünf Kilogramm Fleisch.

Aufgabe 3:

Systematik (...)	Verbreitung	Lebensweise	Nahrung
Der Wolf ist ein Raubtier und gehört zur Familie der Hunde.	Wölfe kommen in Europa, Asien, auf der Arabischen Halbinsel und in Nordamerika vor.	Wölfe leben in Familiengemeinschaften, sogenannten Rudeln. Zu einem Rudel gehören mindestens ein Weibchen, ein Männchen und ein Jungtier.	Ein Wolf braucht pro Tag bis zu fünf Kilogramm Fleisch.

Ein Wolf als Hauptfigur
Anhand eines Zitats führen sich die Schüler zunächst die Absicht des Autors vor Augen, das Leben seines tierischen Protagonisten möglichst genau und wissenschaftlich korrekt zu beschreiben. Danach informieren sie sich mithilfe eines kurzen Sachtextes über die Ent-

wicklung von Wölfen. Nun sind sie in der Lage, die Darstellung des Welpenlebens im Roman näher zu untersuchen und mit den Fakten über Wölfe zu vergleichen. Obwohl es geringfügige Abweichungen gibt, werden die Jugendlichen im Klassengespräch vermutlich zu dem Ergebnis kommen, dass es Jack London gelingt, seine Wirkungsabsicht zu erreichen und die Entwicklung von Wolfsblut glaubwürdig zu schildern.

Lösung

Aufgabe 1:
siehe Hinweise zur Kopiervorlage

Aufgabe 3:
Übereinstimmungen:
Anzahl der Welpen (Wolfsblut hat vier Geschwister)
Ort der Geburt (Wurfhöhle)
Blindheit bei Geburt
Ernährung (Wolfsblut trinkt Milch und frisst herausgewürgtes Fleisch)
Sozialverhalten (Wolfsblut spielt und kämpft mit seinen Geschwistern)
körperliche Entwicklung (Wolfsblut lernt bei seinem ersten Ausflug, seine Muskelbewegungen zu steuern)
Erziehungsmaßnahmen (Zurechtweisen durch Stöße mit der Schnauze und der Pfote, später durch Bisse)

Abweichungen:
spätere Sehfähigkeit (Wolfsbluts Augen öffnen sich erst nach ca. drei Wochen statt nach elf bis fünfzehn Tagen)
späteres Verlassen der Höhle (Wolfsblut wagt sich erst im Alter von einem Monat statt mit drei Wochen aus der Höhle)

Aufgabe 4:
siehe Hinweise zur Kopiervorlage

Die Wand aus Licht

Kennzeichnend für den Roman „Wolfsblut" ist seine personale Erzählhaltung: Über weite Strecken der Handlung versetzt sich der Erzähler in das Bewusstsein des tierischen Protagonisten hinein und gibt die Geschichte aus dessen Perspektive wieder. Der hier abgedruckte Textauszug aus dem 1. Kapitel bietet den Schülern die Gelegenheit, sich diese besondere Erzählweise vor Augen zu führen, sie zu untersuchen und zu bewerten.

Thematisieren Sie im Unterrichtsgespräch, dass die personale Erzählhaltung nicht stringent durchgehalten wird. Bereits am Ende des 1. Kapitels findet sich in Form einer Vorausdeutung ein Beispiel für eine auktoriale Erzählhaltung: „Doch die Wildnis ist und bleibt die Wildnis und eine Mutter ist eine Mutter. Sie beschützt ihre Jungen, wo immer es auch sei. Und der Tag sollte kommen, an dem sich die Wölfin um ihres grauen Welpen willen der Luchsin stellte" (S. 11). Im späteren Verlauf des Romans tauchen auch einzelne Passagen auf, die hauptsächlich aus Dialogen zwischen Figuren bestehen (z. B. Ende des 13. Kapitels). Hier kann man von einer neutralen Erzählhaltung sprechen.

Lösung

Aufgabe 2:
In dem Textauszug wird berichtet, wie der graue Welpe sich mittels verschiedener Sinne mit seiner Umgebung, seinen Geschwistern und seiner Mutter vertraut macht. Er entdeckt, dass eine Wand der Höhle heller ist als die anderen, und beobachtet, wie sein Vater durch diese Wand kommt und geht. Da ihm seine Mutter nicht erlaubt, sich der Wand zu nähern, und er sich schon mehrmals die Nase an den anderen Wänden gestoßen hat, hält sich der Welpe schließlich von allen Wänden fern.

Aufgabe 3:
Er- / Sie-Erzähler: Das Geschehen wird in der 3. Person Singular erzählt.
Personaler Erzähler: Der Erzähler nimmt die Innenperspektive einer Figur ein. Das Geschehen spiegelt sich im Bewusstsein einer Figur. Der Erzähler ist Teil der erzählten Welt.

Aufgabe 4:
Merkmale, durch die die personale Erzählhaltung deutlich wird: die häufige Verwendung des Personalpronomens „er", die Schilderung von Sinneseindrücken und Empfindungen des Welpen („Sie war für ihn eine Quelle von Wärme, flüssiger Nahrung und Zärtlichkeit. Ihre sanfte, liebkosende Zunge beruhigte ihn, wenn sie über seinen weichen kleinen Körper strich."), die Beschränkung auf das Bewusstsein und den Wissensstand des Welpen (der Höhlenausgang wird als „Wand aus Licht" und als „weiße Wand" beschrieben, durch die der Vater „verschwindet").

Der Welpe entdeckt die Welt

Nach der anspruchsvollen Aufgabe, die Erzählhaltung des Romans zu analysieren, ermöglicht diese Kopiervorlage den Schülern, sich auf spielerische Weise mit dem Gelesenen auseinanderzusetzen. In dem Labyrinth spiegelt sich die anfängliche Orientierungslosigkeit und Überforderung des grauen Welpen auf seinem ersten Streifzug wider. Die Jugendlichen identifizieren die richtigen Aussagen über den Handlungsverlauf des 2. Kapitels und finden so den Weg aus der gefährlichen Wildnis zurück in die Sicherheit der Höhle.

Im Anschluss an die Lektüre des 2. Kapitels und die Bearbeitung dieses Blattes bietet sich die Anregung „Die

Lektionen des Lebens" aus der Rubrik „Gesprächs- und Schreibanlässe" (s. u.) an.

Lösung

Gesprächs- und Schreibanlässe

Die Lektionen des Lebens

Was hat der graue Welpe auf seinem ersten Streifzug alles gelernt? Sammelt seine Erkenntnisse in einem Klassengespräch. Überlege dir dann eine weitere Lektion, die der Welpe auf einem seiner folgenden Ausflüge erhalten könnte. Denke dir eine passende Situation aus und schreibe sie in dein Heft.

Böser Wolf?

Der Wolf hatte bei den Menschen oft einen schlechten Ruf, wie das Märchen von Rotkäppchen und dem bösen Wolf zeigt. Doch wie steht es heute um das Verhältnis zwischen Mensch und Wolf? Lies den kurzen Sachtext (siehe Infokasten rechts) und recherchiere weitere Informationen im Internet. Schreibe anschließend eine Erörterung (siehe Infokasten rechts unten) zu der Frage: Sollten Wölfe in Deutschland gezielt getötet werden?

Kreativ aktiv

Ein Plakat über Wölfe

Auf dem Arbeitsblatt „Was weißt du über Wölfe?" habt ihr euch mit den Merkmalen dieser Tierart auseinandergesetzt und eine Tabelle angelegt. Erstellt nun ein Plakat über Wölfe: Druckt passende Bilder aus dem Internet aus oder schneidet sie aus Zeitschriften aus und fasst wichtige Informationen in kurzen Texten zusammen. Präsentiert euer Plakat anschließend euren Mitschülern.

Wölfe und Menschen – ein zwiespältiges Verhältnis

Im 19. Jahrhundert waren Wölfe in West- und Mitteleuropa fast vollständig ausgerottet. Heute stehen Wölfe in Europa unter Naturschutz. Darum wächst ihre Zahl allmählich wieder. Bis 2019/2020 haben sich hierzulande wieder fast 130 Rudel, 35 Wolfspaare und zehn Einzeltiere mit festem Revier angesiedelt.

Viele Nutztierhalter und Bauern sehen diese Entwicklung nicht gern. Denn Wölfe stellen eine mögliche Gefahr für ihre Herden dar. Besonders Schafe wehren sich im Fall eines Angriffs nicht und haben das Flüchten fast verlernt. Zwar erhalten die Nutztierhalter für den Schutz und bei einem Schaden Geld, um die verlorenen Tiere zu ersetzen. Trotzdem fordern manche, alle Wölfe abzuschießen. Doch nur in Ausnahmefällen kann ein Abschuss genehmigt werden: Dann, wenn sich ein Wolf gegenüber Tieren und Menschen aggressiv verhält. Oft wurde nachgewiesen, dass diese Wölfe zuvor gefüttert worden waren und deshalb ihre Scheu verloren hatten. Zwischen Gegnern von Wölfen und denen, die sich über ihre Rückkehr freuen, wird häufig erbittert gestritten.

Die Erörterung

Diese Textsorte setzt sich argumentativ mit einem Sachverhalt auseinander. Der Leser soll die Fragestellung nachvollziehen können und am Schluss zu einem begründeten Urteil darüber gelangen. Folgende Arbeitsschritte erleichtern das Verfassen einer Erörterung:

- Stoffsammlung: Zusammenstellen verschiedener Aspekte und Bestandteile der Fragestellung (Beispiele, Belege, Fakten, Zahlen, Zitate, Beobachtungen)
- Planung des Aufbaus: In der Einleitung weckt der Verfasser das Interesse des Lesers durch aktuelle Bezüge und persönliche Erfahrungen. Im Hauptteil werden die Pro- und Kontra-Argumente in einer zuvor festgelegten Reihenfolge genannt und die eigene These zur Fragestellung formuliert. Im Schlussteil äußert der Verfasser seine abschließende Meinung und gibt einen Ausblick.

Was weißt du über Wölfe?

1. Lies die Aussagen über Wölfe. Was stimmt? Kreuze richtige Aussagen an.

- [ ] Wölfe leben in Familiengemeinschaften, sogenannten Rudeln.
- [ ] Wölfe streifen am liebsten allein durch die Wälder.
- [ ] Auf dem Speiseplan von Wölfen stehen Wurzeln, Pilze und Insekten.
- [ ] In Deutschland gibt es keine Wölfe.
- [ ] Der Wolf ist ein Raubtier und gehört zur Familie der Hunde.
- [ ] Wölfe kommen in Europa, Asien, auf der Arabischen Halbinsel und in Nordamerika vor.
- [ ] Zu einem Rudel gehören mindestens ein Weibchen, ein Männchen und ein Jungtier.
- [ ] Wölfe leben und jagen in Rudeln von bis zu fünfzig Tieren.
- [ ] Ein Wolf braucht pro Tag bis zu fünf Kilogramm Fleisch.
- [ ] Wölfe bleiben ihr Leben lang bei ihren Eltern.

2. Worüber möchtest du mehr wissen? Recherchiere weitere Informationen im Internet.

3. Ordne die Informationen über den Wolf passend in die Tabelle ein.

Systematik und körperliche Merkmale	Verbreitung	Lebensweise	Nahrung

Ein Wolf als Hauptfigur

1. Lies die Notiz von Jack London. Wie wirkt diese Beschreibung auf dich? Was sagt sie über die Wirkungsabsicht des Autors aus?

„Wolfsblut wird im Februar gezeugt, am 3. April geboren, öffnet nach 21 Tagen erstmals die Augen, wird bis zum 5. Juni gesäugt, frisst Fleisch seit dem 3. Mai, verlässt seine Mutter im Dezember, ist nach drei Jahren ausgewachsen und lebt fünfzehn Jahre."

2. Lies den Text über die Entwicklung des Wolfes.

Wölfe paaren sich im Zeitraum von Ende Januar bis Anfang März. Neun Wochen später kommen zwischen vier und sechs Welpen in einer Wurfhöhle zur Welt. Bei der Geburt sind sie blind und taub, doch sie entwickeln sich schnell. Nach elf bis fünfzehn Tagen können sie sehen und fangen an zu laufen. Ihnen wachsen die ersten Zähne.

Nach etwa drei Wochen wagen sich die Jungen aus der Wurfhöhle heraus. Sie lernen ihre Sinne und ihren Körper zu benutzen. Neugierig erkunden sie die nähere Umgebung des Baus und spielen viel.

Die Welpen werden bis zu acht Wochen gesäugt. Noch während sie Milch trinken, beginnen sie auch feste Nahrung zu fressen. Dazu stupsen sie ältere Familienmitglieder an der Schnauze, damit diese Futter hochwürgen.

Die heranwachsenden Wölfe müssen viel lernen: das Zusammenleben im Rudel und das Jagen. Erst nach und nach erkennen sie, was Mimik und Körpersprache der anderen Familienmitglieder bedeuten und wie sie darauf reagieren sollen. Mit dem Alter steigen auch die Anforderungen: Bei Fehltritten weist die Mutter oder der Vater die Kleinen ruppig zurecht.

3. Vergleiche die Informationen aus dem Sachtext mit den ersten Kapiteln im Buch. An welchen Stellen gibt es Übereinstimmungen? Wo weicht der Autor in seiner Schilderung ab? Nenne Beispiele.

____

____

____

____

____

____

____

4. Erzielt der Autor seine Wirkungsabsicht? Was meint ihr? Diskutiert darüber.

Die Wand aus Licht

1. Lies den folgenden Auszug aus dem 1. Kapitel (Seite 7 – 10).

Die Augen des grauen Welpen hatten sich erst vor Kurzem geöffnet. Dennoch konnte er bereits klar sehen. Seine zwei Brüder und die beiden Schwestern kannte er ziemlich gut. Er hatte angefangen, mit ihnen herumzutoben und sich mit ihnen zu zanken. Wenn er in Wut geriet, vibrierte in seiner Kehle ein komisches Rasseln – der Vorläufer eines Knurrens. Lange bevor seine Augen sich öffneten, hatte er seine Mutter berührt, geschmeckt und gerochen. Sie war für ihn eine Quelle von Wärme, flüssiger Nahrung und Zärtlichkeit. Ihre sanfte, liebkosende Zunge beruhigte ihn, wenn sie über seinen weichen kleinen Körper strich. Dann schmiegte er sich dicht an sie und schlummerte ein. (…) Er hatte aber früh entdeckt, dass eine Wand seiner Welt anders war als die anderen. Dies war der Ausgang der Höhle und die Quelle des Lichts. Lange ehe er eigene Gedanken und einen bewussten Willen hatte, machte er diese Entdeckung. Die Wand übte eine unwiderstehliche Anziehungskraft auf ihn aus. Noch bevor sich seine Augen öffneten, war das Licht auf seine geschlossenen Lider gefallen. Alles in ihm hatte sich nach diesem Licht gesehnt. (…) Eins war seltsam an dieser Wand aus Licht: Sein Vater ging immer wieder in die weiße Wand hinein und war dann verschwunden. Das konnte der graue Welpe nicht begreifen. Zwar erlaubte ihm die Mutter nie, sich jener Wand zu nähern. Doch er war den anderen Wänden nahe gekommen und mit seiner empfindlichen Nase auf ein hartes Hindernis gestoßen. Das tat weh. Nach einigen dieser Abenteuer ließ er die Wände in Ruhe. Er nahm das Verschwinden durch die Wand als eine Eigenheit seines Vaters hin.

2. Fasse den Inhalt des Textauszugs in maximal drei Sätzen zusammen.

3. Was trifft auf den Erzähler in diesem Abschnitt zu? Kreuze an.

- ☐ Ich-Erzähler: Das Geschehen wird von einer Figur in der 1. Person Singular erzählt.
- ☐ Er-/Sie-Erzähler: Das Geschehen wird in der 3. Person Singular erzählt.
- ☐ Auktorialer Erzähler: Der Erzähler ist allwissend, wechselt zwischen Innen- und Außensicht, kommentiert und wertet, blickt voraus und zurück, steht außerhalb der erzählten Welt.
- ☐ Personaler Erzähler: Der Erzähler nimmt die Innenperspektive einer Figur ein. Das Geschehen spiegelt sich im Bewusstsein einer Figur. Der Erzähler ist Teil der erzählten Welt.
- ☐ Neutraler Erzähler: Der Erzähler tritt nicht als eigene Figur auf. Er berichtet objektiv und mit Distanz zum Geschehen, kommentiert und wertet nicht. Die Figuren kommen häufig selbst zu Wort.

4. Durch welche Merkmale des Textauszugs wird diese Erzählhaltung deutlich? Nenne Beispiele.

5. Überzeugt dich die Erzählweise? Warum (nicht)? Diskutiert darüber.

Der Welpe entdeckt die Welt

Was erlebt der Welpe auf seinem ersten Streifzug im 2. Kapitel?

Der Weg durch das Labyrinth führt nur an richtigen Sätzen vorbei. Zeichne ihn ein und bringe den Welpen sicher zu seiner Mutter zurück.

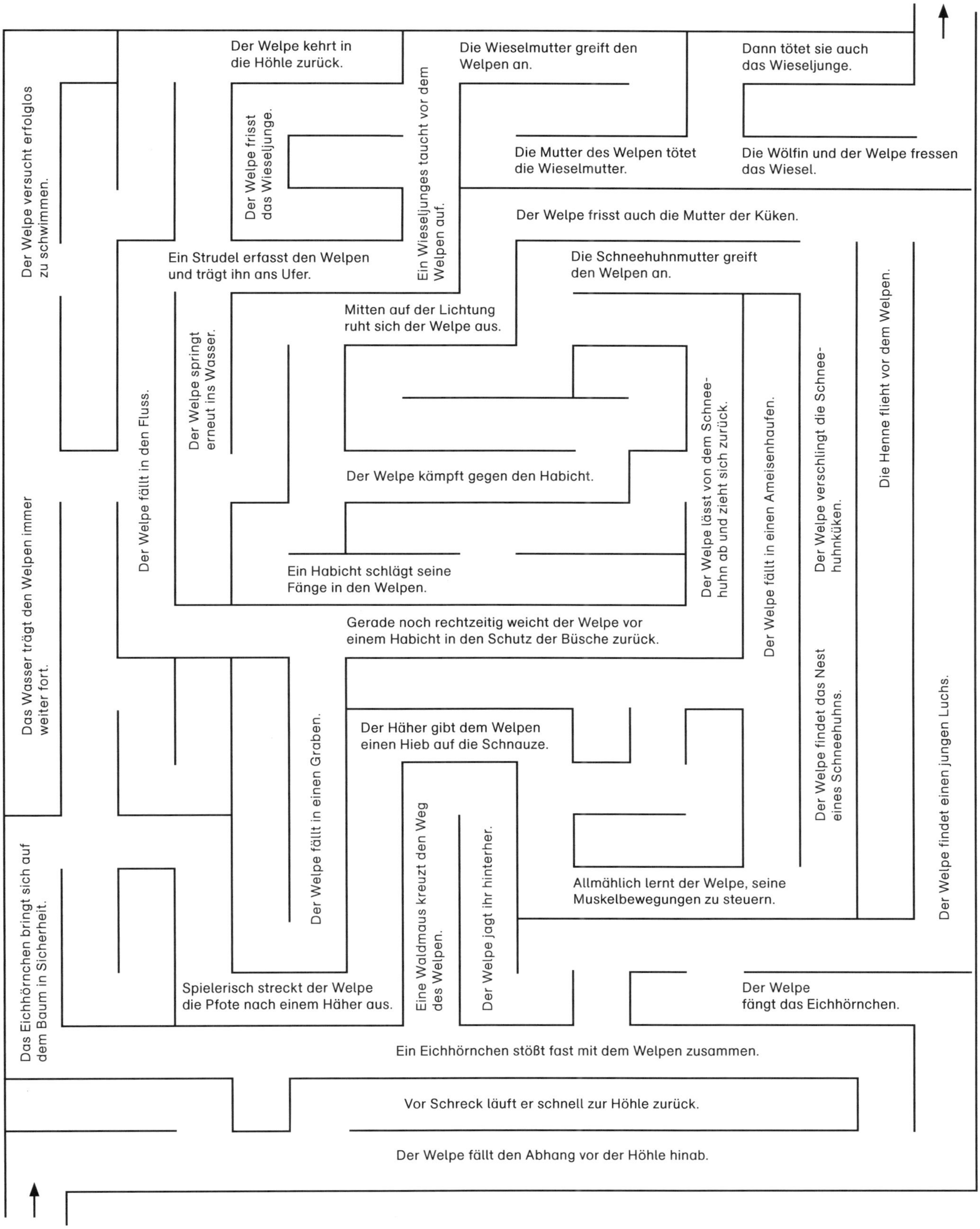

Der Welpe kehrt in die Höhle zurück.

Die Wieselmutter greift den Welpen an.

Dann tötet sie auch das Wieseljunge.

Der Welpe versucht erfolglos zu schwimmen.

Der Welpe frisst das Wieseljunge.

Ein Wieseljunges taucht vor dem Welpen auf.

Die Mutter des Welpen tötet die Wieselmutter.

Die Wölfin und der Welpe fressen das Wiesel.

Der Welpe frisst auch die Mutter der Küken.

Ein Strudel erfasst den Welpen und trägt ihn ans Ufer.

Die Schneehuhnmutter greift den Welpen an.

Mitten auf der Lichtung ruht sich der Welpe aus.

Der Welpe springt erneut ins Wasser.

Der Welpe fällt in den Fluss.

Die Henne flieht vor dem Welpen.

Der Welpe verschlingt die Schneehuhnküken.

Der Welpe lässt von dem Schneehuhn ab und zieht sich zurück.

Der Welpe fällt in einen Ameisenhaufen.

Der Welpe kämpft gegen den Habicht.

Das Wasser trägt den Welpen immer weiter fort.

Ein Habicht schlägt seine Fänge in den Welpen.

Gerade noch rechtzeitig weicht der Welpe vor einem Habicht in den Schutz der Büsche zurück.

Der Welpe findet das Nest eines Schneehuhns.

Der Welpe findet einen jungen Luchs.

Der Häher gibt dem Welpen einen Hieb auf die Schnauze.

Der Welpe fällt in einen Graben.

Eine Waldmaus kreuzt den Weg des Welpen.

Der Welpe jagt ihr hinterher.

Allmählich lernt der Welpe, seine Muskelbewegungen zu steuern.

Das Eichhörnchen bringt sich auf dem Baum in Sicherheit.

Spielerisch streckt der Welpe die Pfote nach einem Häher aus.

Der Welpe fängt das Eichhörnchen.

Ein Eichhörnchen stößt fast mit dem Welpen zusammen.

Vor Schreck läuft er schnell zur Höhle zurück.

Der Welpe fällt den Abhang vor der Höhle hinab.

4. bis 9. Kapitel: Bei den Indianern

Inhalt

(4) Bei einem seiner Streifzüge stößt der Welpe unerwartet auf eine Gruppe von Indianern. Es sind die ersten Menschen, denen er begegnet, und er ist von ihrer Andersartigkeit und ihrer Macht tief beeindruckt. Als einer der Männer ihn berühren will, beißt der Welpe ihn in die Hand. Daraufhin erhält er Schläge und bricht in lautes Geheul aus. Das ruft seine Mutter auf den Plan. Zuerst zeigt sie sich kämpferisch, doch als der Indianer Grauer Biber sie als frühere Hündin seines Bruders erkennt und bei ihrem Namen Kiche ruft, verwandelt sich ihre Wut in Unterwürfigkeit. Grauer Biber tauft den Welpen „Wolfsblut" und erklärt ihn zu seinem Besitz. Er bindet Kiche an. Da Wolfsblut noch von seiner Mutter abhängig ist, bleibt auch er im Lager der Indianer. Dort trifft er zum ersten Mal auf andere Hunde, die ihm feindselig begegnen. Vor allem der Welpe Lip-lip drangsaliert den Neuankömmling. Außerdem macht Wolfsblut Bekanntschaft mit dem Feuer, was seine Ehrfurcht vor den Menschen, die ihm wie Götter erscheinen, noch verstärkt.

(5) Wolfsblut gewöhnt sich allmählich an das Leben in Gefangenschaft. Die Verfolgungen durch Lip-lip sorgen dafür, dass der Welpe seine Verspieltheit ablegt und listig und trickreich wird. Einmal gelingt es ihm, den Feind vor die Zähne seiner Mutter zu locken. Als die endlich frei im Lager herumlaufen darf, versucht Wolfsblut, sie zu überzeugen, mit ihm in den Wald zu fliehen. Doch Kiches Abhängigkeit von den Menschen ist zu groß und so kehrt er traurig mit ihr ins Lager zurück.

Eines Tages kommt es zur Trennung von Mutter und Sohn: Grauer Biber tritt Kiche an einen anderen Indianer ab, der mit ihr das Lager verlässt. Wolfsblut schwimmt dem Kanu hinterher, wird aber von Grauer Biber eingeholt und für seinen Ungehorsam mit einer Tracht Prügel bestraft. Als Wolfsblut ihn in den Fuß beißt, erhält er sogar Schläge mit dem Paddel. Von da an bleibt Wolfsblut im Lager, wartet aber auf die Rückkehr seiner Mutter und sehnt sich nach seinem früheren Leben in Freiheit.

(6) In diesem Kapitel wird Wolfsbluts Verhältnis zu den anderen Bewohnern des Lagers beschrieben. Die Hunde schließen sich Lip-lip in der Verfolgung Wolfsbluts an. Der Ausgestoßene lernt sich zu wehren, indem er seine Kampftechniken ausbaut. Als es Wolfsblut zum ersten Mal gelingt, einen anderen Hund zu töten, zieht er endgültig auch den Hass der Menschen auf sich. In der feindseligen Umgebung des Lagers entwickelt sich Wolfsblut schnell, aber einseitig weiter. Stets folgt er dem Gesetz: Gehorche dem Starken und unterdrücke den Schwachen.

(7) Als der Indianerstamm weiterziehen will, nutzt Wolfsblut die Gelegenheit zur Flucht. Doch nachts allein im Wald überkommt ihn die Furcht und er kehrt in das verlassene Lager zurück. Er beschließt, der Spur der Indianer zu folgen, und läuft zwei Tage lang ununterbrochen am Flussufer stromabwärts. Schließlich stößt er auf eine frische Spur im Schnee und findet den Weg zum Feuer von Grauer Biber. Statt den entlaufenen Hund zu bestrafen, teilt der Indianer sein Essen mit ihm. Wolfsblut ist dankbar und glücklich, wieder bei den Göttern zu sein, von denen er sich inzwischen vollkommen abhängig fühlt.

(8) Mit-sah, der Sohn von Grauer Biber, setzt Wolfsblut als Schlittenhund ein. Als Lip-lip zum Leithund des Gespanns gemacht wird, besteht für Wolfsblut die Chance, der Anführer der Hunde zu werden. Aber er hat sich an seine Position als Einzelgänger gewöhnt und bleibt seinen Artgenossen weiterhin feindlich gesinnt.

Das Verhältnis zwischen Wolfsblut und Grauer Biber ist durch Gehorsam und Grausamkeit geprägt. Doch einmal verteidigt der Indianer ihn gegen einen Jungen, der Wolfsblut für das Fressen von Fleischabfällen bestrafen will. Als Wolfsblut später eine Gruppe von Jungen in die Flucht schlägt, die Mit-sah angegriffen hat, erhält er sogar eine Belohnung von Grauer Biber. Von nun an bewacht Wolfsblut treu und pflichtbewusst das Eigentum seines Herrn.

(9) Wolfsblut stößt unerwartet auf seine Mutter Kiche, aber sie erkennt ihn nicht und greift ihn sogar an, um ihre Jungen zu beschützen.

In Wolfsbluts drittem Lebensjahr bricht eine schwere Hungersnot über die Indianer herein. Viele Hunde, darunter auch Wolfsblut, fliehen in den Wald. Aufgrund seiner Herkunft ist Wolfsblut besser für das Leben in der Wildnis gerüstet als seine Artgenossen und macht stets genug Beute. Am Ende der Hungersnot gelingt es ihm, seinen Rivalen Lip-lip zu töten und den Weg zurück ins Indianerlager zu finden.

Unterrichtsschwerpunkte

- die Textkenntnis sichern
- die Beziehungen des Protagonisten zu den anderen Figuren (Kiche, Lip-lip, Grauer Biber) analysieren
- das Sachwissen über Hunde in Nordamerika erweitern
- zwischen einem Sachtext und einem literarischen Text differenzieren
- Wolfsbluts Entwicklung untersuchen und das Entwicklungsmodell des Romans reflektieren
- eine wissenschaftliche Theorie (Evolutionstheorie) kennenlernen und einen Bezug zum Roman herstellen

Zu den Kopiervorlagen

KV Seite 25

Die Menschentiere

Hier steht Wolfsbluts erste Begegnung mit den Menschen im Fokus. Indem die Schüler Fragen dazu beantworten, führen sie sich vor Augen, wie der Welpe die Menschen wahrnimmt und wie er sich ihnen gegenüber verhält. Mithilfe der Anregung „Wolfsbluts erster Blick auf die Menschheit“ aus der Rubrik „Kreativ aktiv“ (S. 24) bringen die Jugendlichen ihre Erkenntnisse künstlerisch zum Ausdruck.

Lösung

1. Der Welpe ist unentschieden, ob er kämpfen oder sich unterwerfen soll. Anfangs beißt und knurrt er. Nachdem er mehrfach geschlagen wurde, legt er sich unterwürfig hin.
2. Er empfindet Hilflosigkeit und Furcht, aber auch ein unerklärliches Wohlbehagen.
3. Der Welpe vergleicht die Menschen mit Göttern. Er erkennt in ihnen „das Tier, das sich die Vorherrschaft über alle anderen Tiere der Wildnis erkämpft hatte“ (S. 30) und die „Macher von Gesetzen und deren Vollstrecker“ (S. 35).
4. Sie unterscheiden sich von anderen Tieren unter anderem dadurch, dass sie nicht beißen und kratzen.
5. Sie haben Macht über lebendige und nicht lebendige Dinge.
6. Ihn beeindruckt, dass die Menschen Feuer machen und dadurch „Leben schaffen“ können.

Die Wölfin

Die Kopiervorlage widmet sich Wolfsbluts Mutter, die zu Beginn des Romans eine wichtige Rolle spielt. Die Schüler tragen die Informationen über diese Figur in einem Schaubild zusammen.

Greifen Sie anschließend auf die Anregung „Wolfsblut und seine Mutter“ aus dem Abschnitt „Gesprächs- und Schreibanlässe“ (S. 24) zurück, um gemeinsam zu reflektieren, wie sich Wolfsbluts Bild von seiner Mutter durch die Begegnung mit den Menschen verändert und welche Auswirkung dies auf sein Verhalten hat: Wolfsblut wundert sich darüber, dass sich seine sonst so furchtlose und starke Mutter dem Willen der Indianer beugt. Ihr Verhalten verstärkt seine Ehrfurcht vor den Menschen und sorgt dafür, dass auch er sich unterwürfig gibt.

Lösung

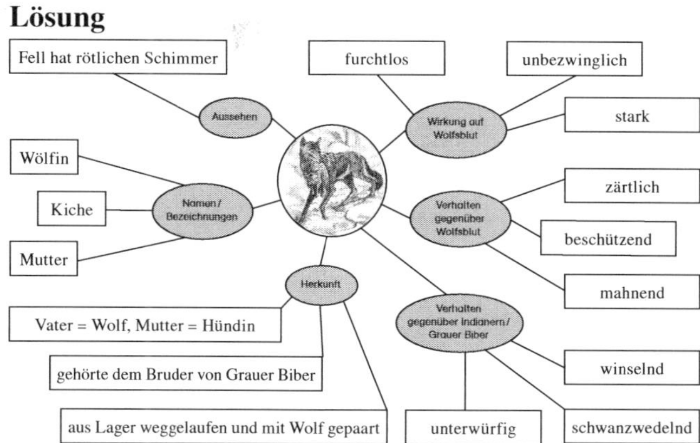

KV Seite 27

Erzfeinde

Schwerpunkt des Arbeitsblatts ist die Analyse der Beziehung zwischen Wolfsblut und Lip-lip. Bereits beim ersten Aufeinandertreffen im Indianerlager wird deutlich, dass Lip-lip dem Neuankömmling feindlich gesinnt ist. Zunächst führen sich die Jugendlichen diese Situation vor Augen. In der zweiten Aufgabe machen sie sich bewusst, welchen Einfluss die Verfolgung durch Lip-lip auf Wolfsbluts Charakter, seine Stellung bei den anderen Hunden und seine Überlebensstrategien hat. Daraufhin untersuchen die Schüler, wie es dazu kommt, dass sich das Machtverhältnis im Rudel kurzzeitig zu verschieben scheint. Abschließend wird die letzte Konfrontation zwischen Wolfsblut und Lip-lip in den Blick genommen, bei der Wolfsblut seinen Rivalen tötet.

Stellen Sie im Klassengespräch die erste und die letzte Begegnung der beiden Feinde und das Machtverhältnis, das sich jeweils darin äußert, einander gegenüber: Im Indianerlager, dem „Herrschaftsbereich“ Lip-lips, ist Wolfsblut der Unterlegene. In der Wildnis, aus der Wolfsblut stammt und an die er besser angepasst ist, trägt er den Sieg davon.

Lösung

Aufgabe 1:

Wolfsblut will dem anderen freundlich begegnen. Doch Lip-lip geht steifbeinig und fletscht die Zähne. Prüfend umkreisen sie einander und knurren sich mit gesträubtem Fell an. Wolfsblut findet Gefallen an dem Spiel. Plötzlich schießt Lip-lip vor, beißt den anderen in die Schulter und springt wieder zurück. Wolfsblut jault auf. Dann stürzt er sich wütend auf Lip-lip und schnappt böse nach ihm. Lip-lips scharfe Zähne treffen den Neuankömmling immer wieder, bis Wolfsblut heulend zu seiner Mutter flieht.

Aufgabe 2:

Wolfsbluts Charakter: wird hinterhältig und bösartig, verliert Verspieltheit

Wolfsbluts Stellung bei den Hunden: Hunde führen „Krieg“ gegen Wolfsblut, er wird ausgestoßen
Wolfsbluts Überlebenstechniken: lernt, sich im Massenkampf zu behaupten

Aufgabe 3:
Als Lip-lip zum Leithund gemacht wird, besteht für Wolfsblut die Chance, der Anführer der Hunde zu werden. Doch zu diesem Zeitpunkt zeigt er kein Interesse mehr daran, seine Position als Einzelgänger aufzugeben und in ein freundschaftliches Verhältnis mit den anderen Hunden zu treten.

Aufgabe 4:
In den letzten Tagen der Hungersnot treffen Wolfsblut und Lip-lip in der Wildnis aufeinander. Lip-lip will vor dem Feind zurückweichen, doch Wolfsblut greift ihn an und tötet ihn.

KV Seite 28

Grauer Biber
Die dritte Figur, die in diesem Handlungsteil einen prägenden Einfluss auf Wolfsblut hat, ist der Indianer Grauer Biber. Indem die Schüler kurze Textauszüge in die richtige Reihenfolge bringen, vollziehen sie nach, wie sich das Verhältnis zwischen Wolfsblut und seinem Herrn entwickelt. Eine Sammlung von Nomen, aus denen die Jugendlichen passende auswählen und jedem Abschnitt in Aufgabe 1 zuordnen, hilft ihnen, ihre Erkenntnisse über die Beziehung der beiden Figuren zu bündeln.

Dieses Arbeitsblatt kann als Vorbereitung für einen tiefer gehenden Aufsatz dienen (siehe Anregung „Wolfsblut und sein erster Herr“ in der Rubrik „Gesprächs- und Schreibanlässe“, S. 24).

Lösung
Aufgaben 1 und 2:
1. Grauer Biber bestieg zornig ein Kanu, um ihn zu verfolgen (...) Strenge, Grausamkeit
2. Lip-lip (...) stürzte sich auf ihn. Er warf Wolfsblut (...) Gerechtigkeit
3. Doch die Gefangenschaft bestand nicht nur aus unglücklichen Momenten (...) Gehorsam
4. Grauer Biber ließ Fleisch bringen (...) Schutz, Abhängigkeit
5. Wer einen Gott haben will, muss ihm dienen (...) Treue

Wie kamen die Hunde nach Amerika?
Wolfsbluts Einsatz als Schlittenhund bei den Indianern bietet einen Anlass, um das Zusammenleben von Ureinwohnern und Hunden in Nordamerika näher zu betrachten und der Frage nachzugehen, woher die ersten Hunde auf dem Kontinent stammten. Die Schüler erarbeiten sich die Informationen, indem sie den Text lesen und die sachbezogenen Abschnitte herausfiltern. Bei den übrigen Passagen handelt es sich um einen Auszug aus dem 8. Kapitel, der das Schlittengespann der Indianer beschreibt.

Zu zweit tauschen sich die Jugendlichen anschließend über den Inhalt der beiden Texte aus. So beweisen sie ihr Verständnis des Sachtextes und festigen ihr Lektürewissen. An dieser Stelle bietet es sich an, auf die Anregung „Mit-sahs Schlittengespann“ aus der Rubrik „Kreativ aktiv“ (S. 24) zurückzugreifen.

Lösung
Sachtext (rot): unterstrichen
Die Geschichte des Zusammenlebens von Hunden und Menschen in Nordamerika ist viele Jahrtausende alt. Schon die Ureinwohner machten sich die Hunde zu Begleitern. Eine Legende der Cheyenne, die westlich der Großen Seen Nordamerikas lebten, erzählt von Hunden, die in der Nacht das Lager bewachten und tagsüber die Habseligkeiten der Menschen transportierten. Laut dieser Legende haben Stammesmitglieder die Welpen von Wölfen aufgezogen und die Tiere so gezähmt. Wolfsblut hatte gesehen, wie die Hunde im Gespann gingen. Deshalb störte es ihn nicht allzu sehr, als man ihn zum ersten Mal anspannte. Um den Nacken wurde ihm ein mit Moos gepolstertes Halsband gelegt, das durch zwei Zugriemen mit einem Gurt verbunden war. Der Gurt umspannte Brust und Rücken. Daran war das lange Seil befestigt, mit dem er den Schlitten zog. Die Legende ist nur zum Teil wahr: Archäologische Funde und Felszeichnungen deuten darauf hin, dass Hunde tatsächlich eine wichtige Rolle im Leben der amerikanischen Ureinwohner spielten. Doch Wolfs-

welpen zu zähmen, gelang ihnen wohl nicht. Vielmehr stammten die Hunde der Ureinwohner von Schlittenhunden aus dem Nordosten Sibiriens ab. Sieben junge Hunde bildeten das Gespann. Wolfsblut war erst acht Monate alt, die anderen schon neun oder zehn. Jeder war mit einem einzelnen Seil an den Schlitten gebunden. Die Seile waren verschieden lang, wobei der Unterschied mindestens eine Hundelänge betrug. Alle Seile waren an einem Ring am vorderen Ende des Schlittens festgemacht. Der Schlitten selbst hatte keine Kufen und war aus Birkenrinde gefertigt. Das Vorderende war hochgebogen, damit es den Schnee nicht unterpflügte. Durch diese Bauart verteilte sich das Gewicht des Schlittens und seiner Ladung auf eine möglichst große Fläche. Nach demselben Prinzip breiteten sich auch die Hunde am Ende ihrer Seile fächerförmig vor dem Schlitten aus, sodass keiner in die Fußstapfen des anderen trat. Das fanden Forscher heraus, indem sie das Erbgut aus Überresten von 71 Hunden untersuchten, die vor der Ankunft der Europäer in Nordamerika lebten. Es zeigte sich, dass ihre Ahnen nicht die amerikanischen Wölfe waren. Vielmehr sind sie eng verwandt mit Hunden, die vor rund 9000 Jahren auf dem Gebiet der heutigen Schochow-Insel vorkamen. Diese Insel gehörte damals zum Festland. Offenbar gelangten die Nachfahren der sibirischen Hunde mit den Menschen nach Nordamerika, die über die Beringstraße zwischen Sibirien und Alaska den Kontinent besiedelten. Noch einen weiteren Vorteil hatte diese Form des Gespanns. Die verschieden langen Seile verhinderten, dass die hinteren Hunde die vorderen anfielen. Für einen Angriff hätte sich ein Hund umdrehen müssen zu einem anderen, der an einem kürzeren Seil zog. Dann befand er sich jedoch nicht nur dem Angegriffenen, sondern auch der Peitsche des Lenkers direkt gegenüber. Die Hunde, die die Europäer seit dem Ende des 15. Jahrhunderts nach Amerika brachten, verdrängten die amerikanischen Ur-Hunde. Dafür sorgten wohl zum einen Infektionskrankheiten, die mit den europäischen Hunden eingeschleppt wurden. Zum anderen landeten in Hungerszeiten immer wieder Ur-Hunde im Kochtopf der Kolonisten. Aber der größte Vorteil lag darin, dass jeder Hund, der einen vorderen anfallen wollte, den Schlitten schneller ziehen musste. Doch er konnte den vorderen niemals einholen. Wenn einer das Tempo beschleunigte, beschleunigten es alle anderen ebenfalls. Und natürlich fuhr dann auch der Schlitten schneller. Auf diesem schlauen Umweg festigte der Mensch seine Herrschaft über die Tiere.

KV Seite 30

Wolfsbluts Entwicklung

Mit diesem Arbeitsblatt wird die Entwicklung des Protagonisten bis zum Ende des zweiten Teils in der Gesamtschau betrachtet. Ausgehend von ihren eigenen Erfahrungen überlegen die Schüler zunächst, welche äußeren Umstände Einfluss auf ein Individuum haben.

Anschließend untersuchen und bewerten sie das Entwicklungsmodell des Romans, das sich in dem zentralen Bild vom formbaren Lehmklumpen ausdrückt.

Im letzten Schritt beschreiben sie Wolfsbluts Entwicklung bis zum Ende des gelesenen Teils im Rückblick. Neben den Ergebnissen aus der vorherigen Handlungs- und Figurenanalyse (Kopiervorlagen S. 25–28) können ihnen dabei auch ihre Einträge im Lesetagebuch Unterstützung leisten.

Lösung

Aufgabe 2:

„Wolfsblut wurde stärker, schwerer und breiter. Sein Charakter entwickelte sich so, wie Vererbung und Umwelt es festlegten. Sein Erbgut war wie ein Klumpen Lehm, der in viele verschiedene Formen geknetet werden konnte. Die Umwelt diente dazu, dem Lehm eine bestimmte Gestalt zu geben."

Aufgabe 4:

Wolfsblut entwickelt sich bis zum Ende des zweiten Teils vom neugierigen und verspielten Welpen in einen mürrischen Einzelgänger. Zugleich dient er Grauer Biber als treuer und gehorsamer Schlitten- und Wachhund.
Die äußeren Einflüsse, die dabei eine Rolle spielen, sind die strenge Behandlung durch die Menschen, insbesondere durch seinen Herrn Grauer Biber, die Trennung von seiner Mutter Kiche und die grausame Verfolgung durch Lip-lip und die anderen Hunde des Lagers.

KV Seite 31

Survival of the Fittest

Im Abschnitt „Vor der Lektüre" haben die Schüler bereits einen Überblick über Jack Londons Biografie und die Einflüsse auf sein literarisches Schaffen gewonnen. Das vorliegende Arbeitsblatt geht nun genauer auf einen dieser Einflussfaktoren ein: Charles Darwins Evolutionstheorie und seine These vom Überleben des am besten Angepassten.

In der ersten Aufgabe eignen sich die Schüler grundlegende Kenntnisse über das Leben des Naturforschers und seine Theorie an. Anschließend sind sie dazu aufgefordert, weiterführende Informationen eigenständig im Internet zu recherchieren und ihren Mitschülern zu präsentieren. Auf der Grundlage ihres neu erworbenen Wissens und ihrer bisherigen Analyse des Romans sind sie nun in der Lage, einen Bezug zwischen der naturwissenschaftlichen Theorie und dem literarischen Text herzustellen.

Lösung

Aufgabe 1:

z. B. Charles Darwins Kindheit und Jugend
Auf Entdeckungsreise mit der HMS Beagle
„Von der Entstehung der Arten“ wird veröffentlicht
Die Hauptthesen der Evolutionstheorie

Aufgabe 2:

a) Vor der Veröffentlichung der Evolutionstheorie verdiente Darwin sein Geld mit Büchern über seine Reisen im Allgemeinen. 1839 heiratete er seine Cousine Emma Wedgwood, mit der er zehn Kinder bekam. Nach seinem Durchbruch mit der Evolutionstheorie verfasste der Naturforscher weitere bedeutende Werke zur Biologie. Darwin war von schwächlicher Gesundheit und starb am 19. April 1882 im Alter von 73 Jahren.

b) Darwin untersuchte u. a. Finken auf den Galapagosinseln. Er stellte fest, dass die Finkenarten unterschiedlich geformte Schnäbel hatten, die an verschiedene Nahrungsquellen angepasst waren: Dünne, lange Schnäbel eigneten sich zum Insektenfangen, kräftige, dicke Schnäbel zum Knacken von Nüssen.

c) Charles Darwins Evolutionstheorie bildet die Grundlage der modernen Biowissenschaften. Aber sie weist natürlich auch Lücken und Mängel auf. So war Darwin z. B. nicht klar, wie das Leben auf der Erde entsteht, ihm fehlte das Element der „Ursuppe“. Er führte das Leben auf der Erde nicht auf einen Ursprung zurück, sondern glaubte, dass jede Tiergruppe ihren eigenen Ausgangspunkt hatte und es zahlreiche Urformen gab. Außerdem erkannte er das Auftreten neuer Merkmale innerhalb der einzelnen Arten, konnte aber nicht darlegen, woher diese Veränderung kommt. Erst der Genetik im 20. Jahrhundert gelang es, diese zufällige Veränderung der Merkmale durch Rekombination und Mutation zu erklären.

Aufgabe 3:

Beispiele: Der „wildeste Welpe im Wurf“ überlebt als Einziger von seinen Geschwistern die Hungersnot (erster Teil). Im Indianerlager passt sich Wolfsblut an die feindliche Umgebung an und bildet seine Kampffähigkeiten aus, um sich gegen die anderen Hunde zu behaupten (zweiter Teil). Bei der späteren Hungersnot ist Wolfsblut besser für das Leben in der Wildnis ausgerüstet als seine Artgenossen und schafft es, seinen geschwächten und weniger gut angepassten Feind Lip-lip zu töten (zweiter Teil).

Gesprächs- und Schreibanlässe

Wolfsblut und seine Mutter

Über welche Veränderung seiner Mutter wundert sich Wolfsblut während der Begegnung mit den Indianern im 4. Kapitel? Was bewirkt diese Veränderung bei ihm? Sprecht darüber.

Wolfsblut und sein erster Herr

Auf dem Arbeitsblatt „Grauer Biber“ hast du das Verhältnis zwischen Wolfsblut und seinem ersten Herrn untersucht. Führe deine Erkenntnisse nun in einem Fließtext zusammen. Berücksichtige dabei alle Aspekte der Beziehung zwischen Wolfsblut und Grauer Biber. Welche Vorteile zieht Wolfsblut trotz der grausamen Behandlung aus der Bindung an den Indianer? Die zutreffenden Nomen bieten dir einen „roten Faden“, an dem du dich beim Schreiben „entlanghangeln“ kannst.

Kreativ aktiv

Wolfsbluts erster Blick auf die Menschheit

Mit dem Blatt „Die Menschentiere“ hast du erarbeitet, wie Wolfsblut die Indianer wahrnimmt. Stelle deine Ergebnisse nun künstlerisch dar, indem du ein Bild von einem Menschen aus Wolfsbluts Sicht zeichnest.

Mit-sahs Schlittengespann

Der blau markierte Text auf dem Blatt „Wie kamen die Hunde nach Amerika?“ beschreibt detailliert, wie Mit-sahs Schlitten aussieht und nach welchem System die Hunde davorgespannt werden. Fertige eine Zeichnung davon an.

Die Menschentiere

Im 4. Kapitel trifft der Welpe zum ersten Mal auf Menschen.

Wie nimmt der Welpe sie wahr? Wie verhält er sich ihnen gegenüber? Beantworte die Fragen in vollständigen Sätzen.

1. Wie reagiert der Welpe auf die ersten Annäherungsversuche der Indianer?

2. Was empfindet der Welpe, als er von Lachszunge gestreichelt wird?

3. Womit vergleicht der Welpe die Menschen? Was erkennt er in ihnen?

4. Wodurch unterscheiden sich die Menschen in ihrem Verhalten von den anderen Tieren?

5. Worüber haben die Menschen Macht?

6. Welche Fähigkeit der Menschen beeindruckt den Welpen besonders?

Die Wölfin

Was erfährst du in den ersten Kapiteln über die Wölfin? Ergänze das Schaubild.

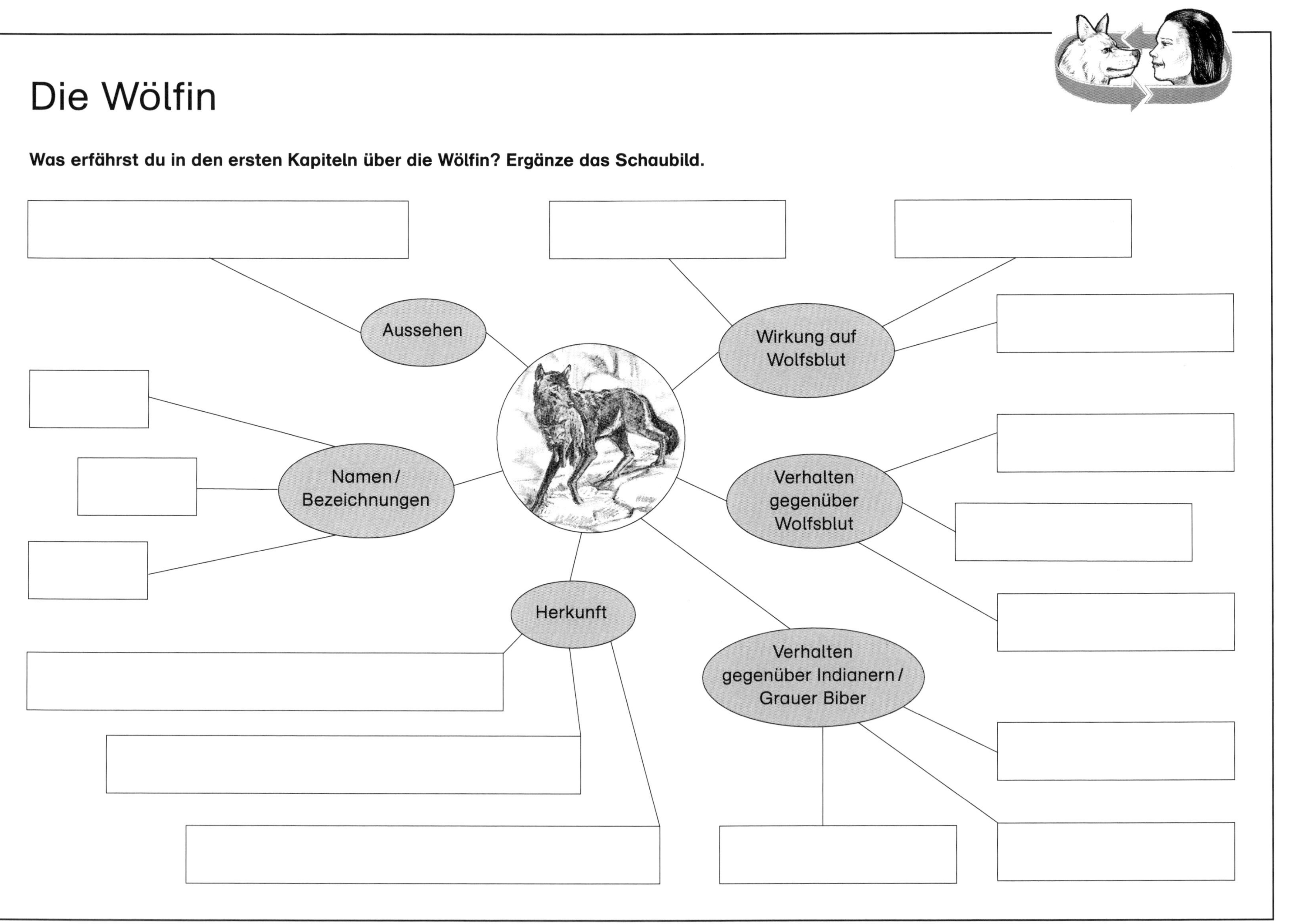

Erzfeinde

Im Indianerlager treffen Wolfsblut und der Hundewelpe Lip-lip aufeinander.

1. Wie verhalten sie sich bei ihrer ersten Begegnung? Ergänze jeweils den passenden Namen.

________________ will dem anderen freundlich begegnen. Doch ________________ geht steifbeinig und fletscht die Zähne. Prüfend umkreisen sie einander und knurren sich mit gesträubtem Fell an. ________________ findet Gefallen an dem Spiel. Plötzlich schießt ________________ vor, beißt den anderen in die Schulter und springt wieder zurück. ________________ jault auf. Dann stürzt er sich wütend auf ________________ und schnappt böse nach ihm. ________________ scharfe Zähne treffen den Neuankömmling immer wieder, bis ________________ heulend zu seiner Mutter flieht.

Lip-lip wählt Wolfsblut zum Gegenstand seiner Belästigungen aus.

2. Welche Auswirkungen hat Lip-lips Behandlung auf Wolfsblut? Ergänze zu jeder Überschrift aussagekräftige Stichpunkte.

Wolfsbluts Charakter:

____

____

____

Wolfsbluts Stellung bei den Hunden:

____

____

____

Wolfsbluts Überlebenstechniken:

____

____

____

3. Einmal scheint sich die Stellung von Wolfsblut und Lip-lip bei den Hunden umzukehren. Was ist der Auslöser? Dauert die Veränderung an? Sprecht darüber.

Schließlich kommt es zu einer letzten Begegnung zwischen Wolfsblut und Lip-lip.

4. Nenne Zeitpunkt und Ort dieser Begegnung und beschreibe kurz, wie sie abläuft.

____

____

____

Grauer Biber

1. Lies die Textauszüge und nummeriere sie in der chronologischen Reihenfolge.

☐ Lip-lip (…) stürzte sich auf ihn. Er warf Wolfsblut um und grub seine Zähne in ihn. Wolfsblut war zu hilflos, um sich zu verteidigen. Es wäre ihm schlimm ergangen, hätte Grauer Biber den Angreifer nicht mit dem Fuß in die Luft geschleudert. Der Tritt war so heftig, dass Lip-lip erst ein paar Meter weiter auf die Erde prallte.

____

☐ Grauer Biber ließ Fleisch bringen und beschützte Wolfsblut vor den anderen Hunden, während er fraß. Anschließend lag Wolfsblut dankbar und zufrieden zu Füßen seines Herrn und blinzelte in das wärmende Feuer. Er fühlte sich geborgen in dem Wissen, dass er am Morgen nicht mehr einsam durch die Wälder streifen, sondern bei den Menschentieren im Lager sein würde. Sie waren die Götter, denen er sich anvertraut hatte und von denen er nun abhängig war.

____

☐ Wer einen Gott haben will, muss ihm dienen. Wolfsblut diente aus Pflichtgefühl und Furcht, aber nicht aus Liebe. Was Liebe ist, wusste er nicht. Er hatte sie nie erfahren. Kiche war nur noch eine blasse Erinnerung. Und falls er sie je wiedersehen sollte, würde er seinen Gott nicht verlassen, um mit ihr zu ziehen. Das waren die Bedingungen des Bundes. Seine Treue gegenüber dem Menschen schien ihm ein Gesetz zu sein, das höher stand als die Liebe zur Freiheit, zu seinen Artgenossen und Verwandten.

____

☐ Grauer Biber bestieg zornig ein Kanu, um ihn zu verfolgen. Als er Wolfsblut eingeholt hatte, packte er ihn am Nacken und zog ihn aus dem Wasser. Er setzte ihn nicht gleich ins Kanu, sondern hielt ihn mit einer Hand hoch und verabreichte ihm mit der anderen eine Tracht Prügel.

____

☐ Doch die Gefangenschaft bestand nicht nur aus unglücklichen Momenten. Es gab viel, was sein Interesse weckte. Immer passierte etwas. Die Götter hörten nicht auf, seltsame Dinge zu tun, und er sah neugierig zu. Außerdem lernte er, mit Grauer Biber auszukommen. Strenger, unbedingter Gehorsam war, was dieser von ihm verlangte. Als Gegenleistung blieb er von Schlägen verschont und seine Anwesenheit wurde geduldet.

____

2. Welche Nomen beschreiben das Verhältnis von Grauer Biber und Wolfsblut treffend? Markiere. Ordne jedem Abschnitt in Aufgabe 1 ein bis zwei der markierten Nomen zu.

Zuneigung | Gehorsam | Zärtlichkeit | Grausamkeit | Liebe | Freundlichkeit

Gerechtigkeit | Strenge | Güte | Abhängigkeit | Treue | Vertrauen | Schutz

Wie kamen die Hunde nach Amerika?

i

1. Hier ist etwas durcheinandergeraten. Lies den Text. Markiere die Abschnitte, in denen du etwas über die Herkunft der Hunde in Nordamerika erfährst, rot und alle anderen blau.

2. Wähle einen Partner. Einigt euch, wer die roten und wer die blau markierten Abschnitte übernimmt. Erklärt euch gegenseitig den Inhalt eures Textes.

Die Geschichte des Zusammenlebens von Hunden und Menschen in Nordamerika ist viele Jahrtausende alt. Schon die Ureinwohner machten sich die Hunde zu Begleitern. Eine Legende der Cheyenne, die westlich der Großen Seen Nordamerikas lebten, erzählt von Hunden, die in der Nacht das Lager bewachten und tagsüber die Habseligkeiten der Menschen transportierten. Laut dieser Legende haben Stammesmitglieder die Welpen von Wölfen aufgezogen und die Tiere so gezähmt. Wolfsblut hatte gesehen, wie die Hunde im Gespann gingen. Deshalb störte es ihn nicht allzu sehr, als man ihn zum ersten Mal anspannte. Um den Nacken wurde ihm ein mit Moos gepolstertes Halsband gelegt, das durch zwei Zugriemen mit einem Gurt verbunden war. Der Gurt umspannte Brust und Rücken. Daran war das lange Seil befestigt, mit dem er den Schlitten zog. Die Legende ist nur zum Teil wahr: Archäologische Funde und Felszeichnungen deuten darauf hin, dass Hunde tatsächlich eine wichtige Rolle im Leben der amerikanischen Ureinwohner spielten. Doch Wolfswelpen zu zähmen, gelang ihnen wohl nicht. Vielmehr stammten die Hunde der Ureinwohner von Schlittenhunden aus dem Nordosten Sibiriens ab. Sieben junge Hunde bildeten das Gespann. Wolfsblut war erst acht Monate alt, die anderen schon neun oder zehn. Jeder war mit einem einzelnen Seil an den Schlitten gebunden. Die Seile waren verschieden lang, wobei der Unterschied mindestens eine Hundelänge betrug. Alle Seile waren an einem Ring am vorderen Ende des Schlittens festgemacht. Der Schlitten selbst hatte keine Kufen und war aus Birkenrinde gefertigt. Das Vorderende war hochgebogen, damit es den Schnee nicht unterpflügte. Durch diese Bauart verteilte sich das Gewicht des Schlittens und seiner Ladung auf eine möglichst große Fläche. Nach demselben Prinzip breiteten sich auch die Hunde am Ende ihrer Seile fächerförmig vor dem Schlitten aus, sodass keiner in die Fußstapfen des anderen trat. Das fanden Forscher heraus, indem sie das Erbgut aus Überresten von 71 Hunden untersuchten, die vor der Ankunft der Europäer in Nordamerika lebten. Es zeigte sich, dass ihre Ahnen nicht die amerikanischen Wölfe waren. Vielmehr sind sie eng verwandt mit Hunden, die vor rund 9000 Jahren auf dem Gebiet der heutigen Schochow-Insel vorkamen. Diese Insel gehörte damals zum Festland. Offenbar gelangten die Nachfahren der sibirischen Hunde mit den Menschen nach Nordamerika, die über die Beringstraße zwischen Sibirien und Alaska den Kontinent besiedelten. Noch einen weiteren Vorteil hatte diese Form des Gespanns. Die verschieden langen Seile verhinderten, dass die hinteren Hunde die vorderen anfielen. Für einen Angriff hätte sich ein Hund umdrehen müssen zu einem anderen, der an einem kürzeren Seil zog. Dann befand er sich jedoch nicht nur dem Angegriffenen, sondern auch der Peitsche des Lenkers direkt gegenüber. Die Hunde, die die Europäer seit dem Ende des 15. Jahrhunderts nach Amerika brachten, verdrängten die amerikanischen Ur-Hunde. Dafür sorgten wohl zum einen Infektionskrankheiten, die mit den europäischen Hunden eingeschleppt wurden. Zum anderen landeten in Hungerszeiten immer wieder Ur-Hunde im Kochtopf der Kolonisten. Aber der größte Vorteil lag darin, dass jeder Hund, der einen vorderen anfallen wollte, den Schlitten schneller ziehen musste. Doch er konnte den vorderen niemals einholen. Wenn einer das Tempo beschleunigte, beschleunigten es alle anderen ebenfalls. Und natürlich fuhr dann auch der Schlitten schneller. Auf diesem schlauen Umweg festigte der Mensch seine Herrschaft über die Tiere.

Wolfsbluts Entwicklung

Wolfsbluts Charakter verändert sich im Laufe seiner ersten drei Lebensjahre stark. Auch der Charakter eines Menschen wandelt sich mit der Zeit.

1. Welche Umstände haben Einfluss auf deine Persönlichkeit? Kreuze an: 1 (= kaum Einfluss) bis 5 (= starker Einfluss).

	1	2	3	4	5
Gene					
Geburtsland					
Heimatort					
Eltern					
Großeltern					
Geschwister					
Schule					
Freunde					
Hobbys					

2. Lies den Auszug aus dem 9. Kapitel (Seite 67). Unterstreiche die Antworten auf die folgenden Fragen im Text.

a) Welche beiden Faktoren haben Einfluss auf die Entwicklung von Wolfsbluts Charakter?
b) Welchen Vergleich benutzt der Erzähler zur Verdeutlichung der Entwicklung von Wolfsblut?

„Wolfsblut wurde stärker, schwerer und breiter. Sein Charakter entwickelte sich so, wie Vererbung und Umwelt es festlegten. Sein Erbgut war wie ein Klumpen Lehm, der in viele verschiedene Formen geknetet werden konnte. Die Umwelt diente dazu, dem Lehm eine bestimmte Gestalt zu geben."

3. Findest du dieses Entwicklungsmodell überzeugend? Begründe deine Meinung.

4. Wie entwickelt sich Wolfsblut bis zum Ende des zweiten Teils? Welche äußeren Einflüsse (= Umwelt) spielen dabei eine Rolle? Sprecht darüber.

Survival of the Fittest

1. Lies den Text und formuliere eine passende Überschrift für jeden Absatz.

Charles Darwin wurde am 12. Februar 1809 als Sohn eines Arztes in England geboren. Schon als Kind hatte er ein ausgeprägtes Interesse für die Natur: Er sammelte Muscheln, Münzen und Mineralien, beobachtete das Verhalten von Vögeln und führte Experimente durch. Zunächst wollte er in die Fußstapfen seines Vaters treten und begann 1825 Medizin zu studieren. Später wechselte er jedoch zu Theologie und schloss das Studium 1831 als einer der besten Absolventen ab.

Im Dezember desselben Jahres trat Darwin eine Schifffahrt mit der HMS Beagle, einem Vermessungsschiff der britischen Marine, an. Die Reise dauerte fünf Jahre und führte ihn nach Brasilien, Argentinien, Chile, zu den Galapagosinseln, nach Australien und Südafrika. Unterwegs sammelte der Naturforscher zahlreiche Pflanzen, Tiere und Gesteinsproben und notierte seine Beobachtungen. Sie lieferten ihm die entscheidenden Hinweise für seine Evolutionstheorie.

Diese Theorie führte die Entstehung der Arten nicht auf die biblische Schöpfungsgeschichte, sondern auf naturwissenschaftliche Grundlagen zurück. Weil sie das damalige Weltbild erschütterte, zögerte Darwin lange, bevor er sie veröffentlichte. Erst im November 1859 erschien „On the Origin of Species by Means of Natural Selection, or the Preservation of Favoured Races in the Struggle for Life“ („Von der Entstehung der Arten mit Hilfe der natürlichen Zuchtwahl oder Die Erhaltung von bevorzugten Rassen im Lebenskampf“).

Darin legt Darwin seine Hauptideen dar: Alle Arten sind aus verschiedenen Urformen entstanden und verändern sich ständig. Der Motor dieser Veränderung ist die natürliche Auslese (Selektion). In ihrem „Kampf ums Dasein“ („struggle for existence“) erzeugen die einzelnen Arten mehr Nachkommen als nötig. Die Nachkommen unterscheiden sich durch Zufall in wenigen Merkmalen voneinander. Einige Individuen sind dadurch besser an ihre Umwelt angepasst als andere. Sie überleben und können sich vermehren. Dies nennt Darwin „Survival of the Fittest“ – „der am besten Angepasste überlebt“.

2. Bearbeitet eine der folgenden Fragestellungen und präsentiert eure Ergebnisse der Klasse.

a) Wie ging Darwins Leben weiter? Recherchiert zusätzliche Informationen zu seiner Biografie.
b) Welche Tiere untersuchte Darwin auf seiner Reise? Was fand er heraus? Stellt ein Beispiel vor.
c) Wie bewertet man die Evolutionstheorie heute? Was wurde bestätigt, widerlegt, weiterentwickelt?

3. An welchen Stellen im ersten und zweiten Teil des Romans wird der Bezug zu Darwins These „Survival of the Fittest“ deutlich? Nenne ein Beispiel.

10. bis 15. Kapitel: Der verrückte Gott

Inhalt

(10) Als Wolfsblut zum Leithund des Schlittengespanns wird, verstärkt sich die Feindschaft zwischen ihm und den anderen Hunden und sie führen einen andauernden Krieg gegeneinander.

Im Sommer 1898 reist Grauer Biber mit Wolfsblut nach Fort Yukon, weil er mit den Goldsuchern Handel treiben will. Wolfsblut macht Bekanntschaft mit den ersten Weißen und bewundert sie aufgrund ihrer imposanten Bauwerke. Ihre Hunde jedoch hält er für schwach. Aus Langeweile entwickelt Wolfsblut die Angewohnheit, gegen sie zu kämpfen. Sobald er einen Gegner getötet hat, zieht er sich zurück, um der Strafe zu entgehen, und überlässt den Hunden der Indianer das Feld.

(11) Durch seine Kämpfe zieht Wolfsblut das Interesse von Beauty Smith auf sich. Der verschlagene Koch will Grauer Biber den Hund abkaufen, aber der Indianer weigert sich zunächst. Schließlich gelingt es Beauty Smith, Wolfsblut gegen Alkohol einzutauschen. Doch Wolfsblut befreit sich zweimal aus seiner Gewalt und läuft zu Grauer Biber zurück, da er diesen als seinen rechtmäßigen Herrn betrachtet. Daraufhin prügelt Beauty Smith den Hund fast zu Tode und legt ihn an die Kette. Wolfsblut bleibt nichts anderes übrig, als sich seinem neuen Besitzer zu fügen.

(12) Beauty Smith hält Wolfsblut in einem Zwinger gefangen und richtet ihn zum Kampfhund ab. Wolfsblut geht stets als Sieger aus den Kämpfen hervor und erlangt bald eine gewisse Berühmtheit als *Kämpfender Wolf*. Sein neuer Herr bringt ihn nach Dawson, stellt ihn dort zur Schau und organisiert illegale Hundekämpfe außerhalb der Stadt. Auch Wölfe und eine Luchsin werden Wolfsblut gegenübergestellt. Da kein Tier das Duell mit Wolfsblut überlebt, wird es immer schwieriger, einen passenden Gegner für ihn zu finden, bis eine Bulldogge in Dawson eintrifft.

(13) Wolfsblut und die Bulldogge werden aufeinander angesetzt. Während Wolfsblut die Zuschauer durch seine Schnelligkeit beeindruckt, verschafft sich Cherokee durch seine Beharrlichkeit einen Vorteil. Schließlich gelingt es der Bulldogge, Wolfsblut zu packen und ihre Zähne immer enger um dessen Kehle zu schließen. Der Kampf scheint schon entschieden, als zwei fremde Männer dazustoßen. Einer der beiden, Weedon Scott, hält Beauty Smith mit einem Faustschlag davon ab, auf den sterbenden Wolfsblut einzutreten. Zusammen mit seinem Begleiter Matt trennt er die ineinander verkeilten Hunde und zwingt Beauty Smith, ihm Wolfsblut zu verkaufen.

(14) Scott und Matt versuchen zunächst erfolglos, Wolfsblut zu zähmen. Nachdem Wolfsblut einen ihrer Schlittenhunde getötet und Matt das Bein aufgerissen hat, will Scott den Hund erschießen. Doch Matt hält ihn davon ab. Als Scott sich Wolfsblut nähert, beißt der Hund ihn in die Hand. Nun greift Matt zum Gewehr. Diesmal erhebt Scott Einspruch. Die beiden Männer stellen fest, dass Wolfsblut aggressiv auf Schusswaffen reagiert, und beschließen, ihm aufgrund seiner Klugheit noch eine Chance zu geben.

(15) Scott gelingt es, Wolfsbluts Vertrauen zu gewinnen. Der Hund lässt sich schließlich sogar von ihm streicheln. Wolfsblut erkennt Scott als seinen neuen Herrn an und bleibt freiwillig bei ihm. Sein Leben verändert sich grundlegend. Scott behandelt ihn freundlich und Wolfsblut beginnt, Liebe für ihn zu empfinden. Tagsüber arbeitet er als Schlittenhund, nachts bewacht er das Haus.

Als Scott verreist, erkrankt Wolfsblut schwer. Sein Zustand bessert sich erst nach der Rückkehr des geliebten Herrn. Eines Abends hören Scott und Matt, wie Wolfsblut einen Einbrecher überwältigt. Draußen entdecken sie den verletzten Beauty Smith, neben ihm eine Kette und ein Knüppel. Matt jagt den früheren Besitzer von Wolfsblut davon.

Unterrichtsschwerpunkte

- den geografischen und geschichtlichen Hintergrund des Romans kennenlernen
- das Wissen über nordamerikanische Ureinwohner erweitern
- die Darstellung der Indianer im Roman kritisch reflektieren
- eine Figur analysieren (Beauty Smith)
- die Entwicklung Wolfsbluts zum Kampfhund nachvollziehen
- das Verhältnis zwischen Wolfsblut und Weedon Scott untersuchen
- Handlungselemente und Figurenkonstellationen mithilfe von Schaubildern darstellen

Zu den Kopiervorlagen

Die Ureinwohner des Yukon
Ein Sachtext vermittelt den Schülern grundlegende Informationen über den Schauplatz der Handlung – das Yukonterritorium – und seine ursprünglichen Bewohner, die First Nations. Die Jugendlichen stellen einen Bezug zwischen historischen Ereignissen und

der Lektüre her (die nomadische Lebensweise der Indianer, der Klondike-Goldrausch). Anhand von Zitaten und unter Berücksichtigung der jeweiligen Erzählperspektive unterziehen sie die Darstellung der Indianer im Roman einer kritischen Untersuchung.

Lösung

Aufgabe 1:

(...) Die Ureinwohner lebten als Jäger und Sammler und zogen bis Mitte des 20. Jahrhunderts als Nomaden umher. (...) Ein entscheidender Wendepunkt war der Klondike-Goldrausch von 1896. Für kurze Zeit strömten mehr als 100 000 Zuwanderer in das dünn besiedelte Gebiet rund um Dawson am Klondike River. (...)

Aufgabe 2:

Die Ureinwohner des Yukon werden im Roman als „Indianer" und „Wilde" bezeichnet. Sie erscheinen Wolfsblut wie Götter einer niederen Ordnung, die den Weißen unterlegen sind. Außerdem wird der Eindruck erweckt, dass sie leicht durch Alkohol zu verführen sind.

Bei der Darstellung der Ureinwohner muss zwischen den verschiedenen Erzählperspektiven differenziert werden: Während die Äußerungen über die Hierarchie der Götter der tierischen Sicht von Wolfsblut entspringen, ist die Bezeichnung von Grauer Biber als „Wilder" einer auktorialen Erzählinstanz zuzuschreiben, die der Einstellung des Autors nahekommen dürfte. Die Annahme, Grauer Biber könne durch Alkohol bestochen werden, entstammt der hinterhältigen Denkweise Beauty Smiths, spiegelt aber auch ein gängiges Vorurteil von Londons Zeitgenossen über die Ureinwohner Nordamerikas wider.

KV Seite 37

Beauty Smith

Dieses Arbeitsblatt widmet sich Beauty Smith – Wolfsbluts späterem Herrn. Da die Figur äußerst detailliert und eindrücklich beschrieben wird, fällt es den Schülern sicher leicht, den Steckbrief auszufüllen und ein Porträt von Beauty Smith zu zeichnen. Dieses darf – entsprechend der Schilderung im Roman – auch gern satirisch überspitzt ausfallen.

Im Anschluss an die Bearbeitung des Blattes bietet sich das Verfassen einer Personenbeschreibung („Wer ist Beauty Smith?" unter „Gesprächs- und Schreibanlässe", S. 34) oder die Anregung „Die Verhandlung" aus der Rubrik „Kreativ aktiv" (S. 35) an.

Lösung

Aufgabe 1:

Aussehen: klein, hager, winziger und spitzer Kopf, breite Stirn, riesige und weit auseinanderstehende Augen, gewaltiger Kiefer, dünner Hals, große und gelbe Zähne, gelbliche Augen, spärliche gelbe Haare

Tätigkeiten: kocht, spült das Geschirr, macht die Dreckarbeit im Fort

Eigenschaften: wehleidiger Feigling, hinterhältig, heimtückisch, schadenfroh, findet Freude an Grausamkeit, brutal, verrückt, hämisch

Verhältnis zu seinen Mitmenschen: sie dulden/bemitleiden ihn und haben gleichzeitig Angst vor seiner Hinterhältigkeit

Aufgabe 2:

Das Aussehen von Beauty Smith spiegelt seinen Charakter („Monstrum") wider. Sein Name „Beauty" („Schönheit") steht dazu in starkem Kontrast, er ist eine ironisch gewählte Bezeichnung.

Aufgabe 3:

Beauty Smith interessiert sich für Wolfsblut, weil er Gefallen an dessen Grausamkeit findet und seine kämpferischen Fähigkeiten bewundert. Er möchte Wolfsblut in seinen Besitz bringen.

KV Seite 38

Der Kämpfende Wolf

Unter dem Einfluss von Beauty Smith nimmt der Hass, den Wolfsblut gegen seine Artgenossen und die Menschen entwickelt hat, noch stärker zu. Das führen sich die Schüler mithilfe eines Schaubilds vor Augen.

Beauty Smith setzt Wolfsbluts Wut gezielt ein, um ihn zum Kampfhund abzurichten. Die Jugendlichen halten die wesentlichen Informationen über Wolfsbluts Alltag als *Kämpfender Wolf* stichwortartig fest.

Den dramatischen Höhepunkt des dritten Teils stellt Wolfsbluts Kampf gegen die Bulldogge Cherokee dar. Um sich mit dieser Szene vertieft auseinanderzusetzen, verfassen die Schüler einen Bericht aus der Perspektive einer Figur ihrer Wahl (siehe Anregung „Wolfsblut gegen Cherokee" unter „Gesprächs- und Schreibanlässe", S. 35).

Lösung
Aufgabe 1:

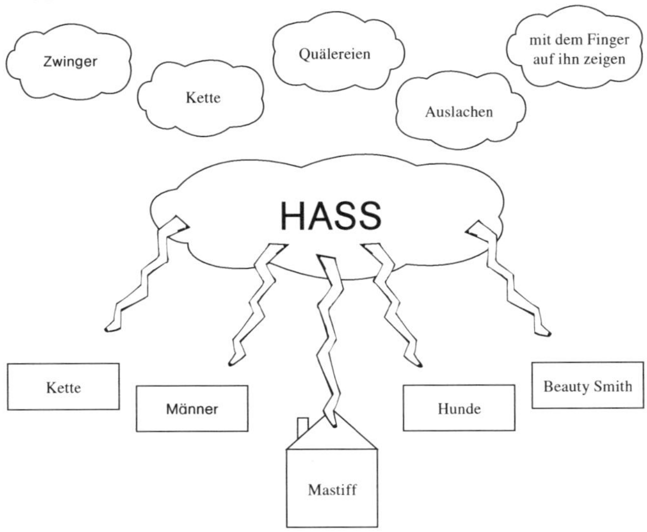

Aufgabe 2:
Ort: Wald außerhalb der Stadt
Tageszeit: nachts bzw. bei Anbruch des Tages
Gegner: Hunde vom Mackenzie, Eskimohunde, Labradore, Huskys, Wölfe, eine Luchsin
Ausgang der Kämpfe: Wolfsblut gewinnt, sein Gegner stirbt

KV Seite 39

Der geliebte Herr

Wolfsblut stirbt beinahe im Kampf gegen Cherokee, wird aber im letzten Moment von dem zufällig vorbeikommenden Weedon Scott vor dem Tod bewahrt. Der Minenexperte kauft Beauty Smith den Hund ab und versucht, ihn zu zähmen. Auf diesem Arbeitsblatt vollziehen die Schüler zunächst nach, wie es Scott schrittweise gelingt, das Vertrauen von Wolfsblut zu gewinnen.

Durch seinen neuen Besitzer ändert sich das Leben des Protagonisten grundlegend. Das machen sich die Jugendlichen mithilfe der zweiten Aufgabe bewusst.

Der Erzähler benutzt anschauliche Vergleiche, um die nährende Wärme, die den Umgang Scotts mit Wolfsblut prägt, zu beschreiben. Die Schüler ergänzen und erweitern ein Schaubild, das die Beziehung zwischen Wolfsblut und seinem neuen Herrn zum Ausdruck bringt.

Lösung
Aufgabe 1:
Scott setzt sich ein paar Meter entfernt hin.
Er trägt keinen Knüppel, keine Peitsche und keine Schusswaffe.
Scott spricht sanft und freundlich mit Wolfsblut.
Er versteckt seine Hand nicht hinter dem Rücken.
Scott hält Wolfsblut mit einladender Handbewegung ein Stück Fleisch hin.
Er wirft Wolfsblut das Fleisch direkt vor die Füße.
Scott bietet Wolfsblut ein weiteres Stück Fleisch an.
Dann weigert sich Scott, das Fleisch hinzuwerfen.
Scott legt seine Hand auf Wolfsbluts Kopf und streichelt ihn.

Aufgabe 2:
Wolfsblut darf bei Scott frei herumlaufen. Er wird nicht mehr gequält und zum Kämpfen gezwungen. Scott behandelt den Hund freundlich und streichelt ihn viel.

Aufgabe 3:

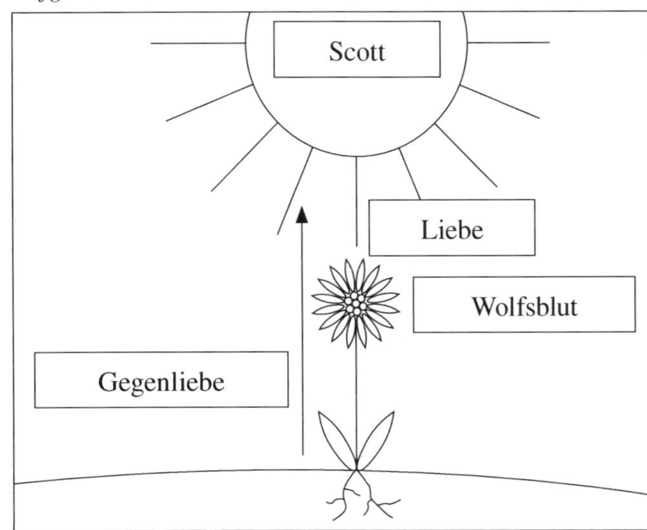

Gesprächs- und Schreibanlässe

Wer ist Beauty Smith?
Verfasse auf der Basis deines Steckbriefs von Beauty Smith eine Personenbeschreibung. Orientiere dich dabei an folgenden Merkmalen.

Die Personenbeschreibung
Das Ziel einer Personenbeschreibung ist es, ein umfassendes Bild einer fiktionalen Figur oder einer realen Person zu schaffen. Folgende Kriterien helfen dabei:
- Mache möglichst detaillierte Angaben.
- Beschreibe zunächst das Äußere der Person (Alter, Größe, Gestalt, Aussehen, Kleidung und besondere Merkmale).
- Gehe dann auf das Innenleben der Person ein (Hobbys und Vorlieben, Eigenschaften, Wünsche, Ängste, Beziehungen zu anderen Personen).
- Schreibe immer im Präsens.
- Benutze ausdrucksstarke Adjektive und Verben.
- Verwende abwechslungsreiche Satzanfänge.

Wolfsblut gegen Cherokee
Stell dir vor, du warst bei dem Kampf der beiden Hunde dabei. Versetze dich in eine Figur hinein und schreibe einen Bericht über den Kampf. Du kann zwischen folgenden Perspektiven wählen: Zuschauer, der auf Wolfsblut gesetzt hat, Zuschauer, der auf Cherokee gesetzt hat, neutraler Zuschauer, Beauty Smith.

Kreativ aktiv

Die Verhandlung
Beauty Smith möchte Wolfsblut in seine Gewalt bringen. Wie erreicht er sein Ziel? Beschreibe sein Vorgehen, indem du den folgenden Dialog weiterentwickelst. Spiele ihn anschließend mit einem Partner nach.
Beauty Smith: „Ich habe Interesse an deinem Hund. Wie viel willst du für ihn haben?“
Grauer Biber: „Den Hund verkauf ich um keinen Preis. Er ist der stärkste Schlittenhund und der beste Leithund, den ich je hatte. Such dir einen anderen Hund …“

Die First Nations
Informiert euch genauer über die Ureinwohner Kanadas. Welche Stämme gibt es? Wovon lebten sie früher? Wie sahen ihre Behausungen aus? Welche Sprachen und Traditionen pflegten sie? Wählt einen Aspekt aus, der euch besonders interessant erscheint, und stellt ihn euren Mitschülern in einem Kurzreferat vor.

Die Ureinwohner des Yukon

1. Lies den Text. Unterstreiche Aspekte und Ereignisse, auf die im Roman „Wolfsblut“ Bezug genommen wird.

Der Yukon ist eines der drei Territorien Kanadas. Er liegt im Nordwesten des Landes und erstreckt sich über eine Fläche von 482 443 km². Der Name Yukon geht auf den Yukon River zurück, der durch das Territorium und dann nach Alaska fließt. Von den Ureinwohnern wurde er als *yu-kun-ah* („großer Fluss“) bezeichnet.

Seit mindestens zwölf Jahrtausenden bewohnen Menschen das Yukonterritorium. Sie gehören verschiedenen First Nations an, wie die indigenen Völker in Kanada bezeichnet werden. Die Ureinwohner lebten als Jäger und Sammler und zogen bis Mitte des 20. Jahrhunderts als Nomaden umher. Die Winter verbrachten sie in immer denselben Dörfern. Die Ureinwohner des Yukonterritoriums sprachen Dialekte der athapaskischen Sprachen, die bis heute gepflegt werden. Die mündliche Überlieferung spielt eine wichtige Rolle im Leben der indigenen Völker und vermittelt Wissen über Tierverhalten, Landnutzung, Lebensunterhalt, Textilien, Sprache und Spiritualität.

In den 1840er-Jahren begann der Kontakt zwischen Ureinwohnern und europäischen Pelzhändlern. Um diese Zeit betrat die Hudson’s Bay Company das Gebiet des Yukon. Ein entscheidender Wendepunkt war der Klondike-Goldrausch von 1896. Für kurze Zeit strömten mehr als 100 000 Zuwanderer in das dünn besiedelte Gebiet rund um Dawson am Klondike River. Die Europäer brachten neue Krankheiten, Missionsbewegungen und Konsumgüter mit sich. Die Indigenen betätigten sich als Führer, Packer und Ausrüster für die Goldschürfer.

Heute leben die Yukoner überwiegend von Tourismus, Rohstoffindustrie und Dienstleistungen. Von 33 897 Einwohnern (Volkszählung 2011) gehören rund 8800 den First Nations an, was knapp 26 % der Bevölkerung entspricht.

2. Lies die Aussagen aus der Lektüre. Wie werden die Ureinwohner des Yukon bezeichnet? Wie werden sie dargestellt? Sprecht darüber. Berücksichtigt die jeweilige Erzählperspektive.

„Wolfsblut führte diesen Krieg so schrecklich, dass Grauer Biber, der selbst ein Wilder war, über seine Wildheit staunte.“ (Seite 76)

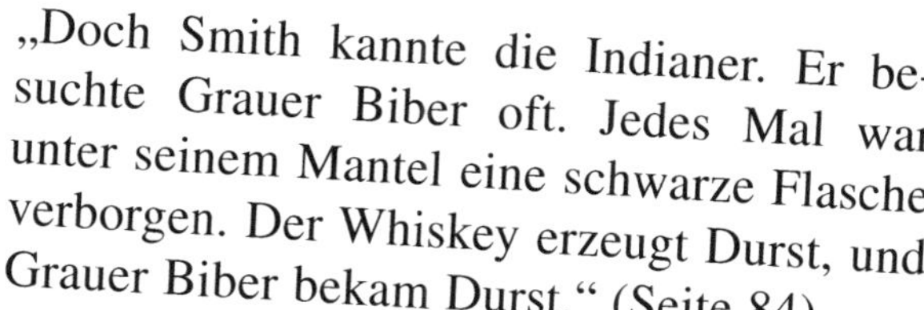
„Doch Smith kannte die Indianer. Er besuchte Grauer Biber oft. Jedes Mal war unter seinem Mantel eine schwarze Flasche verborgen. Der Whiskey erzeugt Durst, und Grauer Biber bekam Durst.“ (Seite 84)

„In Fort Yukon sah Wolfsblut die ersten Weißen. Verglichen mit den Indianern erschienen sie ihm wie Götter einer höheren Ordnung. (…) Neben diesen weißhäutigen Göttern wirkte Grauer Biber wie ein kindlicher Gott.“ (Seite 77)

Beauty Smith

Im 11. Kapitel taucht eine neue Figur auf.

1. Fülle den Steckbrief über Beauty Smith in Stichpunkten aus und zeichne ein farbiges Porträt.

Aussehen: ______________________

Tätigkeiten: ______________________

Eigenschaften: ______________________

Verhältnis zu seinen Mitmenschen: ______________________

2. Wie verhalten sich der Name, das Aussehen und der Charakter von Beauty Smith zueinander? Sprecht darüber.

3. Warum interessiert sich Beauty Smith für Wolfsblut? Welche Absichten verfolgt er? Beantworte die Fragen in jeweils einem Satz.

Der Kämpfende Wolf

Wolfsblut befindet sich nun im Besitz von Beauty Smith.

1. Wodurch wird Wolfsbluts Hass entfacht? Wogegen richtet sich dieser? Wie entlädt er sich? Ergänze das Schaubild.

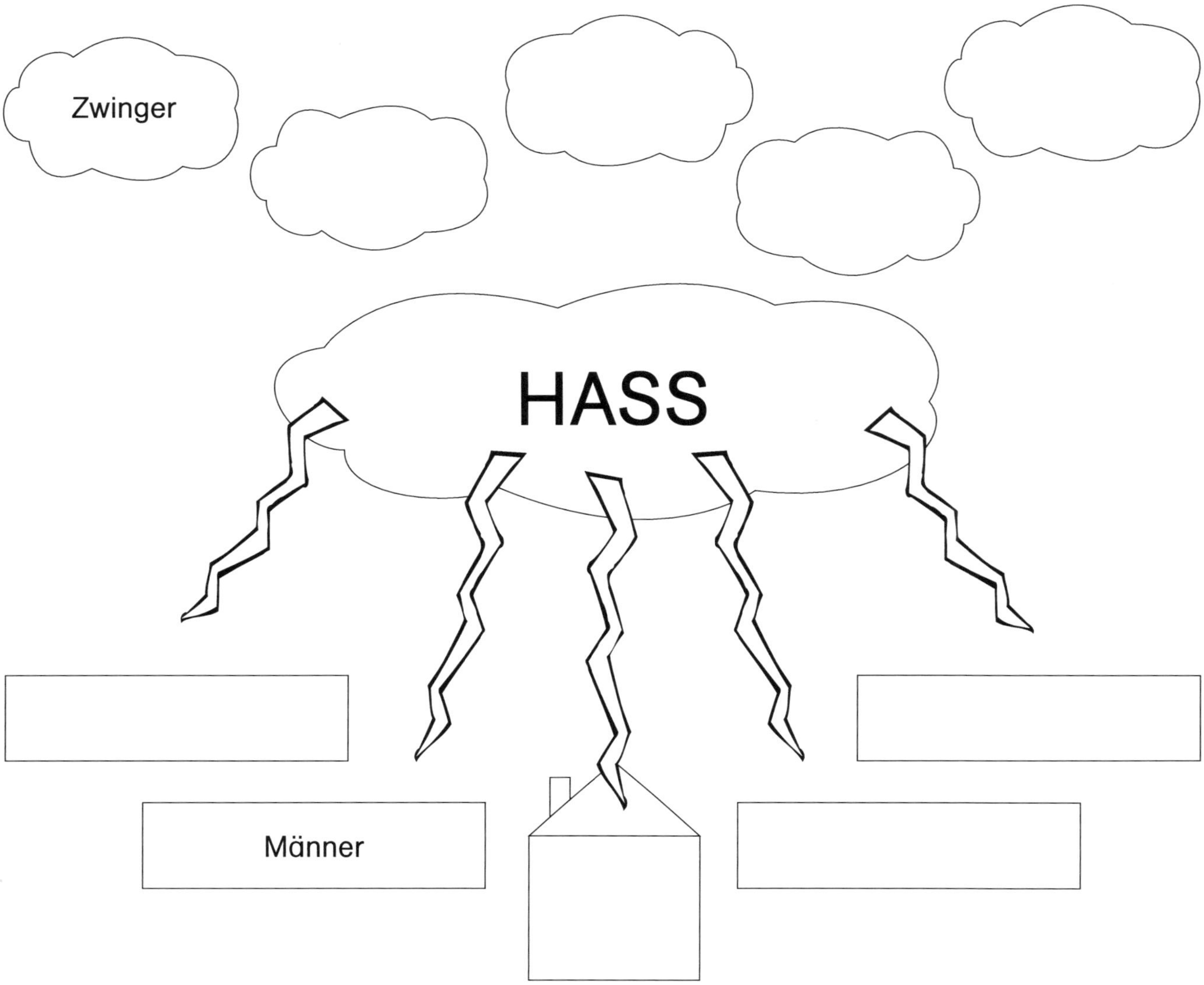

Zwinger

HASS

Männer

Wolfsblut wird in Dawson als professioneller Kampfhund eingesetzt.

2. Ergänze die Informationen über Wolfsbluts Kämpfe.

Ort: ______________________________

Tageszeit: ______________________________

Gegner: ______________________________

____

Ausgang der Kämpfe: ______________________________

Der geliebte Herr

Wolfsblut ist durch seine schlechten Erfahrungen mit den Menschen misstrauisch geworden.

1. Wie gelingt es Weedon Scott im 15. Kapitel, Wolfsbluts Vertrauen zu gewinnen? Vervollständige die Sätze.

Scott setzt sich ______________________________

Er trägt keinen ______________________________

Scott spricht ______________________________

Er versteckt seine Hand ______________________________

Scott hält Wolfsblut mit einladender Handbewegung ______________________________

Er wirft Wolfsblut ______________________________

Scott bietet Wolfsblut ______________________________

Dann weigert sich Scott, ______________________________

Scott legt seine Hand auf Wolfsbluts Kopf ______________________________

„Das war für Wolfsblut der Anfang vom Ende seines alten Lebens und der Herrschaft des Hasses. Ein neues, unglaublich viel schöneres Leben brach an.“ (Seite 114)

2. Wodurch unterscheidet sich Wolfsbluts neues Leben von seinem alten? Beantworte die Frage in maximal drei Sätzen.

3. Der Erzähler verwendet Metaphern und Vergleiche, um die Beziehung von Wolfsblut und Scott zu beschreiben. Trage die Begriffe passend in das Schaubild ein und zeichne es weiter.

Wolfsblut | Scott

Liebe | Gegenliebe

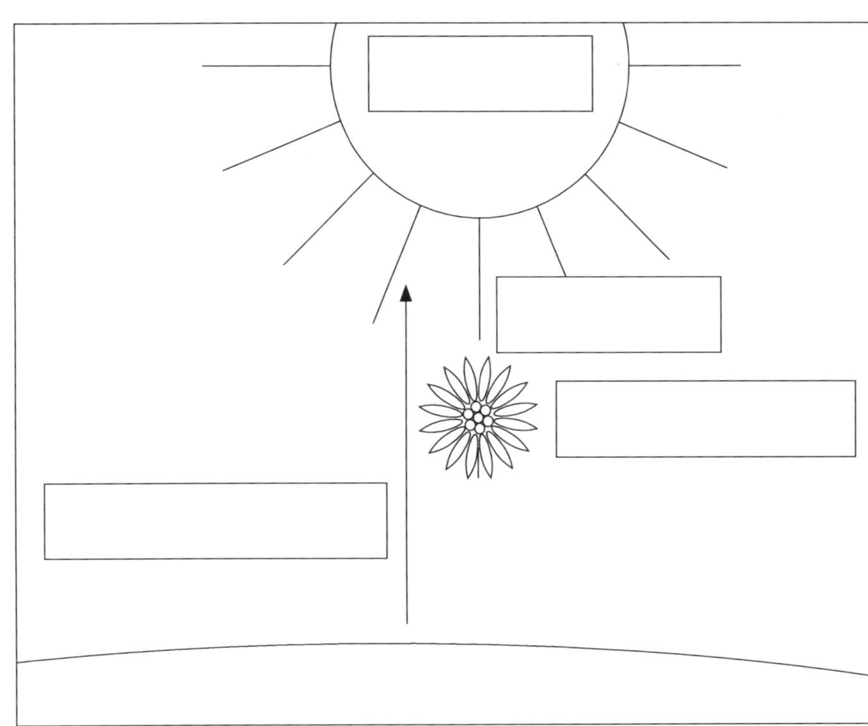

16. bis 20. Kapitel: Im Süden

Inhalt

(16) Weedon Scott bereitet seine Reise nach Kalifornien vor. Wolfsblut spürt, dass sein Herr ihn zurücklassen will, und zeigt seinen Kummer darüber. Am Tag der Abfahrt schließt Scott den Hund in der Hütte ein und begibt sich zur Anlegestelle. Auf dem Dampfer muss er jedoch feststellen, dass Wolfsblut durchs Fenster entkommen und ihm gefolgt ist. Scott beschließt zum Entsetzen von Matt, den Hund nach Kalifornien mitzunehmen.

(17) Bei der Ankunft in San Francisco stürmen viele Eindrücke auf Wolfsblut ein und verängstigen ihn. Er ist froh, die Großstadt hinter sich zu lassen. Doch im Tal von Santa Clara warten neue Herausforderungen auf ihn. Zunächst muss er lernen, dass Scotts Angehörige das Recht haben, seinen Herrn unbehelligt zu umarmen. Als die Kutsche Sierra Vista, das Anwesen von Richter Scott, erreicht, wird er von der Schäferhündin Collie angegriffen, die dem Wolf den Zutritt verwehren will. Schließlich gelingt es ihm jedoch, sie umzuwerfen und vor ihr das Haus zu erreichen.

(18) Die Verhältnisse in Sierra Vista unterscheiden sich in vieler Hinsicht von Wolfsbluts vorherigem Leben im Yukon. Der Hund lernt, mit sämtlichen Familienmitgliedern, allen voran mit den Kindern und Richter Scott, auszukommen. Doch seine unbedingte Liebe ist Weedon Scott vorbehalten. Die übrigen Personen betrachtet Wolfsblut als Besitz seines Herrn. Der Schäferhündin Collie, die ihm nach wie vor feindlich gesinnt ist, geht er aus dem Weg.

Wolfsblut muss neue Gesetze verinnerlichen, die seinem Instinkt und seinem Selbsterhaltungstrieb widersprechen: Er darf keine zahmen Tiere wie Hühner töten und muss in San Jose die Annäherungsversuche der Passanten ungerührt über sich ergehen lassen. Nur gegen Menschen oder Tiere, die ihn quälen, ist Verteidigung erlaubt. So verprügelt Weedon Scott ein paar Jungen, die Wolfsblut mit Steinen bewerfen. Und als drei Hunde auf Wolfsblut gehetzt werden, erlaubt ihm sein Herr, die Angreifer zu töten.

(19) Die Beziehung zwischen Wolfsblut und Weedon Scott wird immer inniger. Wolfsblut gewöhnt sich daran, dass sein Herr ihn auf gutmütige Weise auslacht, und lernt, selbst zu lachen. Außerdem finden die beiden Freude daran, miteinander zu toben und spielerische Kämpfe auszutragen. Wolfsblut sieht es als eine seiner wichtigsten Pflichten an, seinen Herrn auf Ausritten zu begleiten. Als Scott bei einem dieser Ausflüge vom Pferd stürzt und sich das Bein bricht, läuft Wolfsblut allein nach Hause und macht der Familie durch Bellen deutlich, dass seinem Herrn etwas zugestoßen ist. Nach diesem Ereignis gewinnen ihn die Scotts noch lieber.

Collies Verhalten Wolfsblut gegenüber wandelt sich. Ihre Bisse sind nicht mehr kämpferisch, sondern sanft und neckend. Eines Tages lockt die Schäferhündin den Rüden in den Wald. Wolfsblut vergisst darüber sogar seine Pflichten und folgt ihr.

(20) Der Ausbruch eines Häftlings, den Richter Scott einst verurteilt hat, sorgt in Sierra Vista für Besorgnis. Weedon Scotts Frau lässt nachts heimlich Wolfsblut ins Haus, damit er Wache hält. Schließlich tritt das ein, was alle befürchtet hatten: Der Straftäter verschafft sich Zutritt zum Anwesen, um Rache am Richter zu nehmen. Wolfsblut kann ihn überwältigen und töten, erleidet dabei aber selbst so schwere Verletzungen, dass ihm der Arzt geringe Überlebenschancen ausrechnet. Doch Richter Scott setzt alle Hebel in Bewegung, um Wolfsblut zu retten. Tatsächlich erholt sich der Hund in der Pflege der Frauen wieder, die ihm den Namen *Gesegneter Wolf* verleihen.

Bei seinem ersten Rundgang über das Gelände nach seiner Genesung stößt Wolfsblut auf Collie, umgeben von einer Schar Welpen. Die Schäferhündin warnt den Rüden durch Knurren, sich von ihren Jungen fernzuhalten. Doch Weedon Scott ermutigt Wolfsblut zur Kontaktaufnahme. Am Ende krabbeln alle Welpen auf ihrem Vater herum, der es geduldig erträgt und in der Sonne döst.

Unterrichtsschwerpunkte

- Wolfsbluts neue Umgebung beschreiben
- kapitelübergreifende Handlungselemente untersuchen (die Gesetze)
- das Verhältnis zwischen Wolfsblut und Collie analysieren
- sich in die Figuren hineinversetzen
- eine Erörterung verfassen
- Wolfsbluts Entwicklung über den gesamten Handlungsverlauf rekapitulieren

Zu den Kopiervorlagen

Eine neue Welt

Mit seinem Umzug nach Kalifornien gehen viele Veränderungen für Wolfsblut einher. Zunächst vollziehen die Schüler die Eindrücke nach, die auf Wolfsblut einströmen, als er zum ersten Mal in eine Großstadt (San Francisco) kommt. Diese Aufgabe bietet einen Anlass, sich in den Protagonisten hineinzuversetzen und einen inneren Monolog zu verfassen (siehe Anregung „In der Großstadt“ in der Rubrik „Gesprächs- und Schreibanlässe“, S. 43).

Anschließend stellen die Jugendlichen die beiden Handlungsorte Kalifornien und Yukon vergleichend gegenüber. Anhand von drei Fragen führen sie sich vor Augen, wie sich Wolfsblut unter dem Einfluss seines neuen Herrn Scott allmählich in einen gezähmten Hund verwandelt.

Lösung

Aufgabe 1:

z. B.

Aufgabe 2:

	Indianerlager im Yukon	Sierra Vista
Klima	kalt, Schnee	warm
Behausung	kleines Tipi	großes Anwesen
Personen	Grauer Biber, Kloo-kooch, Mit-sah	Weedon Scott, seine Frau Alice und seine Kinder Weedon und Maud, Richter Scott und seine Frau, Beth, Mary
Behandlung durch den Herrn und andere Menschen	grausam; Bestrafung durch Schläge	freundlich, liebevoll; Erziehung durch Klapse oder scharfe Worte
Gesetze (Umgang mit anderen Tieren)	Hund ist das einzige Haustier, alle anderen Tiere sind wild und rechtmäßige Beute.	Zahme Tiere (Hunde, Hühner, Katzen, Kaninchen, Truthähne) dürfen nicht getötet werden.

Aufgabe 3:

a) die Stimme des Herrn (Wolfsbluts „Kompass“)
b) gegen seinen Instinkt und Selbsterhaltungstrieb
c) für die Zivilisation

Die Gesetze

Ein Motiv, das sich durch den gesamten Roman zieht und Wolfsbluts verschiedene Entwicklungsphasen miteinander verbindet, sind die Gesetze, denen er unterworfen ist. Im ersten Schritt differenzieren die Schüler zwischen Naturgesetzen und Vorschriften der Menschen, danach ordnen sie die Gesetze dem passenden Gesetzgeber zu.

Mit der letzten Aufgabe machen sich die Jugendlichen bewusst, dass sich ein Lebensabschnitt von den anderen unterscheidet: Die Zeit, die Wolfsblut bei Beauty Smith verbringt, ist „gesetzlos“, hier herrscht nur die Willkür.

Lösung

Aufgaben 1 und 2:

Naturgesetze (grün):
Friss oder werde gefressen. (Erster Teil, 3. Kapitel, S. 28)
Die Rüden dürfen nicht gegen die Weibchen kämpfen. (Zweiter Teil, 9. Kapitel, S. 67 und Vierter Teil, 17. Kapitel, S. 131)

menschengemachte Gesetze (rot):
Der Körper des Herrn ist heilig und darf nicht gebissen werden. (Zweiter Teil, 5. Kapitel, S. 47) – Grauer Biber
Gehorche dem Starken und unterdrücke den Schwachen. (Zweiter Teil, 6. Kapitel, S. 52) – Grauer Biber
Aus den Händen der eigenen Götter muss man alles hinnehmen. Doch von anderen Göttern braucht man sich keine Ungerechtigkeiten gefallen zu lassen. (Zweiter Teil, 8. Kapitel, S. 63) – Grauer Biber
Was dem Gott gehört, muss gegen die ganze Welt verteidigt werden – selbst wenn man dabei andere Götter beißen muss. (Zweiter Teil, 8. Kapitel, S. 64) – Grauer Biber
Zahme Tiere dürfen nicht getötet werden. Wilde Tiere sind rechtmäßige Beute. (Vierter Teil, 18. Kapitel, S. 139/140) – Weedon Scott

Aufgabe 3:

Der „neue Herr“ ist Beauty Smith. Bei ihm treten Launen und Willkür an die Stelle von Gesetzen.

Wolfsblut und Collie

Hier steht das Verhältnis zwischen Wolfsblut und der Schäferhündin Collie im Fokus, das sich im Laufe der Zeit von Feindschaft zu Partnerschaft entwickelt. Die Schüler versetzen sich zunächst in Collie hinein und vollziehen die Gründe für ihre Abneigung nach. In der zweiten Aufgabe analysieren sie einen kurzen Textauszug, der auf die Paarung von Wolfsblut und Collie anspielt und deutlich macht, dass Wolfsblut trotz der Zähmung durch Weedon Scott seine natürlichen Triebe nicht vollständig abgelegt hat. Abschließend führen sich die Jugendlichen den Gefühlszustand des Protagonisten am Ende des Romans vor Augen.

Lösung

Aufgabe 1:

z. B. „Der Fremde ist ein Wolf aus der Wildnis und seit Jahrhunderten unser Feind. Er hat schon früher die Schafherden überfallen. Bestimmt führt er Böses im Schilde."

Aufgabe 2:

a) Wolfsblut ist hin- und hergerissen zwischen dem Gehorsam gegenüber seinem Herrn und dem Drang, Collie zu folgen.
b) Bei dem „etwas", das tiefer als alles andere reicht, handelt es sich um Wolfsbluts Paarungstrieb.
c) Der natürliche Kreislauf des Lebens wird verdeutlicht: Tiere paaren sich, erzeugen Nachkommen, die sich wiederum einen Partner suchen, um sich zu vermehren.

Aufgabe 3:

z. B. „Nanu, wer sind denn die? Colllie mag es nicht, dass ich sie mir anschaue. Aber der Herr erlaubt es. Mmh, der Kleine riecht so vertraut. Ich glaub, er gehört zu mir."

KV Seite 47

Hund oder Wolf?

Dieses Arbeitsblatt ermöglicht den Schülern, Wolfsblut aus der Perspektive der anderen Figuren sowie aus der Sicht des Erzählers zu betrachten. Als Einstieg ordnen die Jugendlichen unterschiedliche Aussagen über Wolfsblut dem richtigen Sprecher zu. Danach verschaffen sie sich mithilfe von Schlagworten einen Überblick über Wolfsbluts bestimmende Charaktereigenschaften und entscheiden, ob diese jeweils für die Zugehörigkeit zu den Hunden oder zu den Wölfen sprechen. Anhand der drei Namen, die Wolfsblut im Laufe des Romans erhält, vollziehen sie den Prozess seiner Domestizierung nach.

Auf der Grundlage ihrer Analyseergebnisse treffen die Schüler zum Schluss die Entscheidung, ob es sich bei Wolfsblut eher um einen Wolf oder um einen Hund handelt, und verfassen eine Erörterung (siehe Infokasten, S. 15). Darin sollte deutlich werden, dass Wolfsblut beides in sich trägt, wobei er sich im Laufe des Romans eindeutig vom Wolf in Richtung Hund bewegt. Diese Entwicklung verläuft allerdings (vor allem durch den negativen Einfluss von Beauty Smith) nicht geradlinig.

Lösung

Aufgabe 1:

Grauer Biber: „Er hat wenig von einem Hund und viel von einem Wolf. Sein Name soll Wolfsblut sein."
Weedon Scott: „Er ist ein Wolf. Den kann man nicht zähmen."
Matt: „Ich hab's ja immer gesagt: Dieser Wolf ist eigentlich ein Hund."
Beth Scott: „Aber er ist nur zum Teil ein Wolf."
Richter Scott: „Kein Hund hätte das zustande gebracht, was er getan hat. Er ist ein Wolf."

Aufgabe 2:

z. B. Aussehen: W – „Sein Fell zeigte das wahre Wolfsgrau und auch sonst sah er wie ein echter Wolf aus." (S. 66)
geistige Fähigkeiten: H – „Der Viertelanteil Hund, das Erbe von Kiche, hatte äußerlich keine Spuren hinterlassen. In seiner geistigen Veranlagung spielte dieser Teil jedoch eine Rolle." (S. 66)
Eigenschaften im Umgang mit Menschen: H – „Seine Treue gegenüber dem Menschen schien ihm ein Gesetz zu sein, das höher stand als die Liebe zur Freiheit, zu seinen Artgenossen und Verwandten." (S. 65)
Verhältnis zu anderen Hunden: W – „Alle jungen Hunde folgten Lip-lips Führung. Vielleicht witterten sie, dass Wolfsblut in der Wildnis aufgezogen worden war, und empfanden instinktiv die Feindseligkeit des Haushunds gegen den Wolf." (S. 49)
Kampftechnik: W – „Es war leicht, einen Hund umzuwerfen, der nicht auf der Hut war. Der Gestürzte entblößte für einen Augenblick die weiche Unterseite des Halses. An dieser verletzlichen Stelle musste man ihn treffen, um ihm das Leben zu nehmen. Wolfsblut kannte die Stelle. Generationen von Wölfen hatten ihm dieses Wissen vermacht." (S. 50)
Lautäußerungen: W – „Es war das lang gezogene, laute und schwermütige Wolfsgeheul – das erste, das er je ausgestoßen hatte." (S. 55)
Verhalten gegenüber Weedon Scott: H – „Wolfsblut heulte herzzerreißend, so wie Hunde es tun, wenn ihre Herren gestorben sind." (S. 126)

Aufgabe 3:

Wolfsblut: Vater war Wolf, er hat wölfisches Blut
Der *Kämpfende Wolf:* Wolfsbluts Name als Kampfhund
Der *Gesegnete Wolf:* Wolfsbluts Name, nachdem er Richter Scott gerettet hat

KV Seite 48

Ein Überlebenskünstler

Nach Abschluss der Lektüre resümieren die Schüler mithilfe dieses Arbeitsblatts Wolfsbluts Entwicklung im Verlauf des Romans – von seinen ersten Tagen in der Höhle bis zur Geburt seiner Jungen. Die Einträge im Lesetagebuch helfen den Jugendlichen, einen Gesamtüberblick zu gewinnen und ein Schaubild zu erstellen.

In den darauffolgenden Aufgaben reflektieren sie, welche Eigenschaften für Wolfsbluts erfolgreiche Überwindung aller Krisen verantwortlich sind. Damit wird noch einmal der Bogen zu Darwins Evolutionstheorie geschlagen. Weisen Sie die Schüler in diesem Zusammenhang auf die exakte Übersetzung der These „Survival of the Fittest" hin: Nicht der „Stärkste", sondern der „am besten Angepasste" überlebt. Obgleich die Bedeutung des Überlebenskampfs und der körperlichen Kraft im Laufe des Romans abnimmt und mit dem Beginn der Domestizierung durch Weedon Scott auch „weichere Seiten" von Wolfsbluts Charakter zutage treten, bleibt die Anpassungsfähigkeit bis zum Ende ausschlaggebend für Wolfsbluts „Erfolg". Somit kann Wolfsbluts Entwicklung durchaus als Beispiel für Darwins These „Survival of the Fittest" betrachtet werden.

Lösung

Aufgabe 2:

z. B. Stärke, Anpassungsfähigkeit, Klugheit: „Wolfsbluts Entwicklung war auf Stärke und Macht angelegt. Um der ständigen Gefahr zu entgehen, prägten sich seine Raubtier- und Schutzinstinkte übermäßig aus. Er bekam eiserne Sehnen und Muskeln und wurde schneller, listiger, gefährlicher, geschmeidiger, ausdauernder, grausamer, wilder und klüger als die anderen Hunde." (S. 52)

Anpassungsfähigkeit: „Wolfsblut war von Natur aus anpassungsfähig. Außerdem war er viel in der Welt herumgekommen. Deshalb wusste er, wie wichtig es war, sich auf neue Lebensumstände einzustellen." (S. 134)

genetische Anlage, Zähigkeit: „Wolfsblut war direkt aus der Wildnis gekommen, wo die Schwachen früh sterben und niemandem Schutz gewährt wird. Weder sein Vater noch seine Mutter hatte irgendeine Schwäche gekannt, auch seine Vorfahren nicht. Von ihnen hatte er eine eiserne körperliche Verfassung und die Lebenskraft der Wildnis geerbt. Er klammerte sich mit jener Hartnäckigkeit ans Leben, die einst alle Geschöpfe besessen hatten." (S. 154)

Aufgabe 3:

siehe Hinweise zur Kopiervorlage

Gesprächs- und Schreibanlässe

In der Großstadt

Auf dem Arbeitsblatt „Eine neue Welt" hast du Wolfsbluts Eindrücke von San Francisco gesammelt. Versetze dich nun in den Hund hinein und schreibe einen inneren Monolog über seine Großstadterfahrung.

Das Romanende

Wie wirkt die Schlussszene auf euch? Was geht in den einzelnen Figuren vor? Welche Motive werden hier wieder aufgegriffen? An wen erinnert Collies Verhalten? Handelt es sich um ein „Happy End"? Sprecht darüber.

Kreativ aktiv

Landschaftsgemälde

Lies noch einmal die Beschreibung von Wolfsbluts Ankunft in Sierra Vista (S. 131). Wie werden das Anwesen und seine Umgebung beschrieben? Male ein Bild von der Szenerie. Setze die Farben so ein, dass sie die Stimmung der Landschaft zum Ausdruck bringen.

Schlussbild

Auf dem Arbeitsblatt „Wolfsblut und Collie" hast du dich in Wolfsblut hineinversetzt und seine Gedanken am Ende des Romans formuliert. Male nun ein Bild von der Schlussszene.

Eine neue Welt

Im vierten Teil begleitet Wolfsblut seinen neuen Herrn Weedon Scott nach Kalifornien.

1. Welche Eindrücke strömen auf Wolfsblut ein, als er durch die Straßen von San Francisco läuft? Schreibe passende Nomen, Verben und Adjektive in die Skyline.

2. Wodurch unterscheidet sich das Leben in Sierra Vista vom Leben bei den Indianern im Yukon? Ergänze die Tabelle in Stichworten.

	Indianerlager im Yukon	Sierra Vista
Klima		
Behausung		
Personen		
Behandlung durch den Herrn und andere Menschen		
Gesetze (Umgang mit anderen Tieren)		

3. Beantworte die folgenden Fragen in Stichworten.

a) Was hilft Wolfsblut, sich in der neuen Welt zu orientieren? ______________________

b) Wogegen muss Wolfsblut oft handeln? ______________________

c) Wofür wird Wolfsblut allmählich reif? ______________________

Die Gesetze

Im Laufe des Romans lernt Wolfsblut viele Gesetze kennen.

1. Welcher Art sind die Gesetze? Rahme ein: grün = Naturgesetze, rot = menschengemachte Gesetze.

2. Ordne die menschengemachten Gesetze dem jeweiligen Gesetzgeber zu. Schreibe die Angaben zu Handlungsteil, Kapitel und Seite auf die Linien.

Friss oder werde gefressen.

____

Der Körper des Herrn ist heilig und darf nicht gebissen werden.

____

Gehorche dem Starken und unterdrücke den Schwachen.

____

Die Rüden dürfen nicht gegen die Weibchen kämpfen.

____

Aus den Händen der eigenen Götter muss man alles hinnehmen. Doch von anderen Göttern braucht man sich keine Ungerechtigkeiten gefallen zu lassen.

____

Was dem Gott gehört, muss gegen die ganze Welt verteidigt werden – selbst wenn man dabei andere Götter beißen muss.

____

Zahme Tiere dürfen nicht getötet werden. Wilde Tiere sind rechtmäßige Beute.

____

Grauer Biber

Weedon Scott

3. Lies das Zitat. Wer ist der „neue Herr“? Was tritt bei ihm an die Stelle von Gesetzen? Erkläre.

„Er musste sich dem Willen dieses neuen Herrn unterwerfen und jeder seiner Launen gehorchen.“

Wolfsblut und Collie

1. Was sind die Gründe für Collies anfängliche Abneigung Wolfsblut gegenüber? Wofür hält sie ihn? Versetze dich an die Stelle der Schäferhündin und ergänze die Gedankenblase.

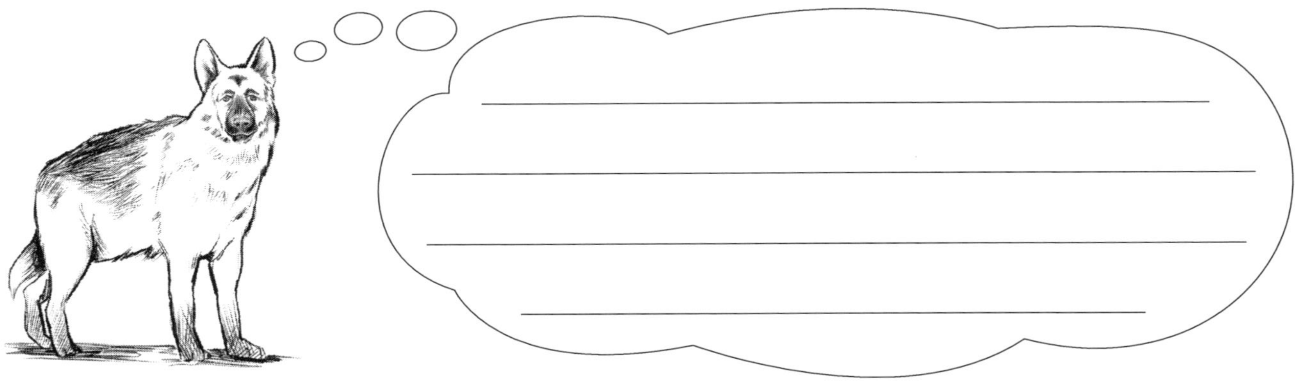

Collies Verhalten Wolfsblut gegenüber ändert sich: Ihre Bisse werden spielerisch und sanft.

2. Lies den folgenden Textauszug. Sprich mit deinem Partner und beantwortet die Fragen.

a) In welchem Konflikt befindet sich Wolfsblut?
b) Was könnte das „etwas" sein, das tiefer als alles andere reicht?
c) Warum werden an dieser Stelle wohl Kiche und Einauge erwähnt?

„Eines Tages lockte Collie ihn auf eine lange Jagd über die Wiese hinter dem Haus und in den Wald hinein. Wolfsblut wusste, dass sein Herr an diesem Nachmittag ausreiten wollte. Das Pferd stand gesattelt vor der Tür. Er zögerte. Aber es gab etwas in ihm, das tiefer reichte als alle Gesetze, die er gelernt hatte, tiefer als die Gewohnheiten, die ihn geformt hatten, tiefer als die Liebe zu seinem Herrn, tiefer sogar als sein Lebenswille. Und als Collie ihn zwickte und davonrannte, wandte er sich um und folgte ihr. Der Herr ritt an diesem Tag allein aus. Wolfsblut und Collie liefen Seite an Seite, so wie vor vielen Jahren seine Mutter Kiche und sein Vater Einauge durch die stillen Wälder des Nordens gelaufen waren."

3. Lies die letzten vier Absätze des Romans. Versetze dich nun an die Stelle von Wolfsblut und schreibe auf, was ihm in dieser Situation durch den Kopf gehen könnte.

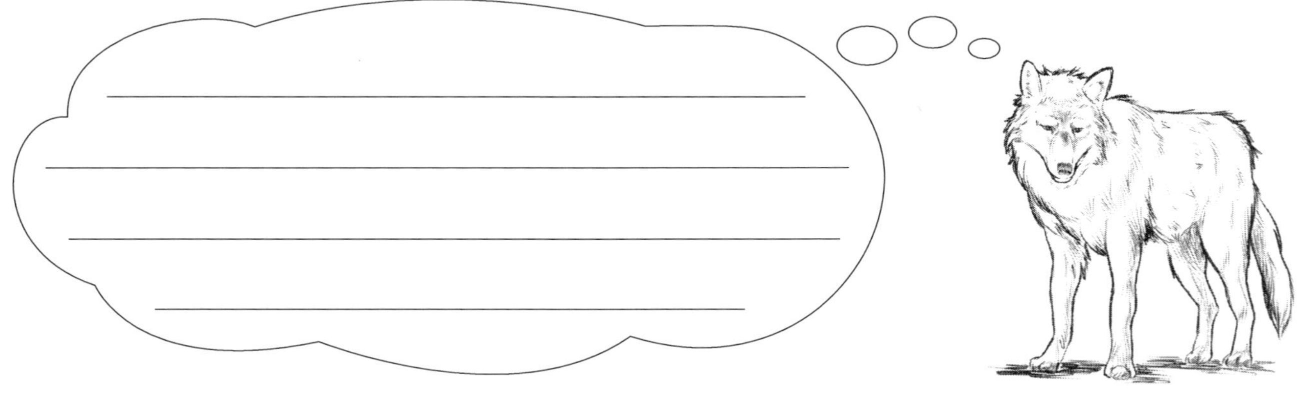

Hund oder Wolf?

1. Was meinen die Figuren zu dieser Frage? Verbinde die Aussagen mit dem richtigen Sprecher.

Grauer Biber •	• „Ich hab's ja immer gesagt: Dieser Wolf ist eigentlich ein Hund."
Weedon Scott •	• „Kein Hund hätte das zustande gebracht, was er getan hat. Er ist ein Wolf."
Matt •	• „Er hat wenig von einem Hund und viel von einem Wolf. Sein Name soll Wolfsblut sein."
Beth Scott •	• „Er ist ein Wolf. Den kann man nicht zähmen."
Richter Scott •	• „Aber er ist nur zum Teil ein Wolf."

Auch der Erzähler beschreibt Wolfsblut mal als Wolf, mal als Hund.

2. Was spricht für die Zugehörigkeit zu den Hunden, was für die zu den Wölfen? Trage ein „H" oder ein „W" in die Kästchen ein. Belege deine Entscheidung jeweils an einem Textbeispiel.

☐ Aussehen ☐ geistige Fähigkeiten ☐ Eigenschaften im Umgang mit Menschen

☐ Verhältnis zu anderen Hunden ☐ Kampftechnik ☐ Lautäußerungen

☐ Verhalten gegenüber Weedon Scott

3. Worauf spielen die drei Namen an, die Wolfsblut im Laufe des Romans erhält? Erkläre jeweils in Stichworten.

Wolfsblut: ______________________________

Der *Kämpfende Wolf*: ______________________________

Der *Gesegnete Wolf*: ______________________________

4. Was meinst du, ist Wolfsblut eher ein Wolf oder ein Hund? Lässt sich eine Entwicklung im Laufe des Romans beobachten? Schreibe eine Erörterung in dein Heft.

Ein Überlebenskünstler

Im Laufe der Lektüre hast du Wolfsblut durch Tiefen und Höhen begleitet.

1. Zeichne eine Kurve, die Wolfsbluts Entwicklung von seiner Geburt bis zur Geburt seiner Jungen abbildet. Nimm dafür die Einträge aus deinem Lesetagebuch zu Hilfe.

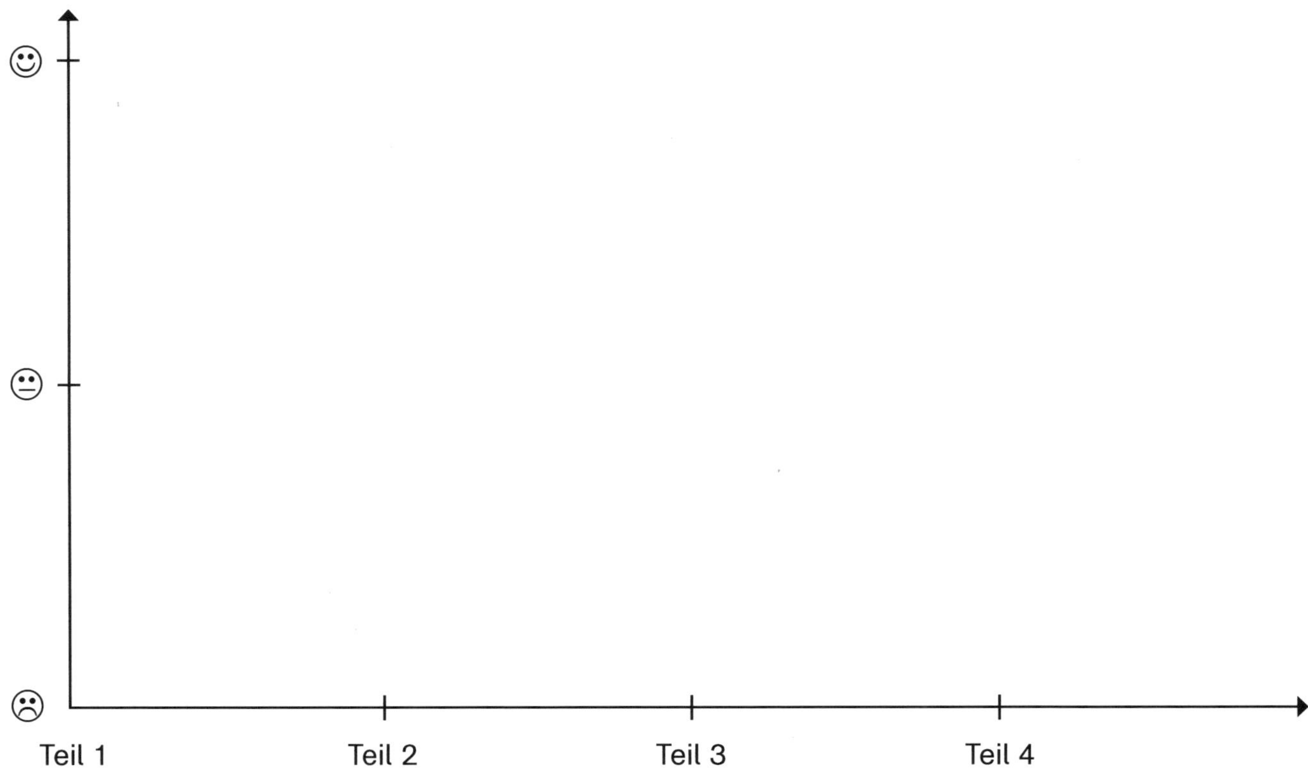

2. Welche Eigenschaften sind entscheidend dafür, dass Wolfsblut alle Gefahren und Hindernisse überwindet? Schreibe sie auf und belege deine Auswahl am Text.

3. Kann Wolfsbluts Entwicklung als Beispiel für Darwins These „Survival of the Fittest" gelten? Warum (nicht)? Begründe deine Meinung. Sprecht in der Klasse darüber.